Walter Hansen

Das Attentat auf Se. Majestät Kaiser Franz Josef I.

Das Attentat

auf Se. Majestät Kaiser Franz Josef I.

am 18. Februar 1853

Vollständige und authentische Schilderung

des entsetzlichen Ereignisses und der darüber gepflogenen Untersuchungen.

Mit den wichtigsten, bezüglichen

Proclamationen, Bulletins, Adressen,

den vorzüglichsten aus Anlaß der glücklichen Rettung verfaßten Gedichten

Herausgegeben und bearbeitet von Walter Hansen

Wien, 1853

Verlag von Jasper's Wwe. & Hügel

Herrengasse, 251, im Fürst Liechtenstein'schen Palais

ISBN 3-7787-2023-6

Satz und Druck: Ilmgaudruckerei Pfaffenhofen
Printed in Germany

Umschlagentwurf: Ilmgaudruckerei Pfaffenhofen

Inhaltsverzeichnis

Vorwort zur zweiten Auflage 1978

„Ein solch grauenvolles Attentat ist der Geschichte Österreichs fremd, ist vollends unglaublich . . .“, sagte Wiens Bürgermeister Dr. Ritter von Sailler in einer Rede am 5. März 1853, als er sich über das wenige Tage zurückliegende Attentat auf den damals 23jährigen Kaiser Franz Josef I. entrüstete.

Das Attentat war politisch bedeutungslos. Der Kaiser überlebte eine harmlose Stichwunde, der Täter war ein Einzelgänger, getrieben von individuellem Fanatismus, ohne Auftrag und ohne verbrecherischem Raffinement. Die Geschichtsbücher erwähnen diesen Anschlag überhaupt nicht mehr. Er ist in Vergessenheit geraten.

Trotzdem sollte man heute darüber lesen.

Das Buch, das wir hier nach 125 Jahren vorlegen und das eine „vollständige und authentische Schilderung der entsetzlichen Ereignisse und der darüber gepflogenen Untersuchungen“ verspricht, ist interessant, wenn es als Dokument einer entschwundenen, für uns fremden Epoche empfunden wird: als Hintergrund-Information über eine Zeit, die zwar erschüttert war von Revolution, Kampf und soziologischem Gärungsprozeß – in der jedoch die Person des Kaisers für alle Stände als ruhender Pol, als ein unerschütterliches Symbol für Ordnung und bedingungsloser persönlicher Verehrung galt.

Das harmlose Attentat – es war nur auslösender Moment, um die Gefühle des Volkes für den Kaiser deutlich zu machen. Das kleine Buch, kurz nach der Tat von einem Un-

bekannten geschrieben, mag heutzutage als kurioses Sammelsurium rührender Nebensächlichkeiten empfunden werden. Viele Farbtupfer ergeben jedoch ein Bild. Und gerade deshalb scheint uns dieses Buch heute wie kaum ein anderes geeignet, eine farbige Vorstellung von der Kaiserzeit zu vermitteln und historische Vergangenheit lebendig werden zu lassen. – Ein Glücksfall der Geschichtsschreibung!
Kaiser Franz Josef, dem das „vollends unglaubliche", harmlose Attentat vom 18. Februar 1853 galt, mußte später folgenschwere Attentate in seiner nächsten Umgebung erleben: Seine Frau, die schöne Elisabeth, brach im Jahre 1898 unter den Messerstichen eines Anarchisten tot zusammen, und das Attentat auf seinen Neffen, den Erzherzog-Thronfolger Franz Ferdinand im Jahre 1914, löste den ersten Weltkrieg aus. Heute gehören mörderische Terrorakte auf Persönlichkeiten des öffentlichen Lebens zur Routine aktueller Berichterstattung.
Interessant deshalb, von einer Zeit zu lesen, in der ein Attentat auf den Kaiser „vollends unglaublich" war. w. h.

Das hier vorliegende Buch wurde von einem Unbekannten gleich nach dem Attentat geschrieben. Alle Recherchen über den Urheber lassen den Schluß zu, daß die Originalausgabe direkt oder indirekt veranlaßt wurde, von dem im Text mehrfach erwähnten Bürger Josef Ettenreich, der sich ein Denkmal setzen wollte, weil er zufälligerweise als erster zur Stelle war und Gelegenheit hatte, dem kaiserlichen Adjutanten bei der Bändigung des weiterhin angreifenden Täters zu helfen. Der Text ist wortgetreu wiedergegeben. Kürzungen geschahen nur bei der ermüdenden Anzahl der Bulletins oder amtlicher Aussendungen und dort, wo der unbekannte Autor des Originaltextes Spekulationen über Auftraggeber äußerte oder weitergab. Derlei Spekulationen erwiesen sich später als irrig. Sie heute im Text zu belassen, hieße falsche Informationen zu veröffentlichen und das Geschichtsbild zu verfälschen.

Vorwort
zur ersten Auflage 1853

Indem wir die folgenden Zeilen niederschreiben, geschieht es mit innerem Grauen und Widerstreben, so sehr vor Allem tritt der Gedanke vor uns hin, daß es wohl besser wäre, die Erinnerung an die schaudervolle That, die sich in unserer Mitte begeben, mit allen möglichen Mitteln zu verwischen und soviel es geschehen könne, vergessen zu machen. Denn es gibt Blätter der Weltgeschichte, von denen man wünschen muß, daß kein menschlicher Gedanke sie jemals wieder vor die Seele der Nachkommen brächte, Ereignisse, bei denen man bedauern muß, daß der menschliche Geist nicht die Gabe hat, die That wie ein Bild zu verwischen und jedes Zeichen davon zu vernichten.
Aber es regt sich wieder der tröstende und erhebende Gedanke, daß, so groß und furchtbar auch das begangene Verbrechen gewesen, so leuchtend sich andererseits die Treue und Anhänglichkeit der Völker Oesterreichs an ihren erhabenen Monarchen gezeigt hat, und man muß es erkennen, daß sich seit Jahren nicht diese Einstimmigkeit der Betrübniß, dieser alle zugleich erschütternde Schrekken, diese allgemeine, ungeheuchelte, unermeßliche Theilnahme in allen Schichten der Bevölkerung und aller Orts gezeigt haben, wie bei diesem Ereignisse.
Es ist Wahrheit geworden, lebendige thatsächliche Wahrheit, was so viele klar denkende Geister immer behauptet, daß bei dem Hereinbrechen eines allgemein drohenden Unglücks alle Völker Oesterreichs sich wie ein Mann um die Person ihres angebeteten Monarchen schaaren wür-

den, und der erhabene, Vater Sr. Majestät, hatte eine tiefe und allgemein gefühlte Wahrheit ausgesprochen, als er sagte: ,,daß er an dem Zeichen warmer Theilnahme, welche die Hauptstadt so allgemein geäußert, wieder das alte, treue Wien erkannt habe."

Ja, Oesterreich und seine Hauptstadt sind treu und innig ergeben dem erhabenen Herrscherhause, an dessen Schicksal das Bestehen des Reiches geknüpft ist, das seit Jahrhunderten zu allen Zeiten Glück und Ruhm, Ehre und Ansehen mit dem Staate getheilt hat, dem es auch in trüben Tagen eine Garantie besserer Zeiten war.

Oesterreich und sein glorreiches Kaiserhaus sind untrennbare Begriffe, unauflösliche Glieder einer nie zerreißenden Kette, und wie der Stahl aus dem Feuer nur noch stärker und gehärteter hervorgeht, so mußte die Treue Oesterreichs erst durch das Feuer unglückseliger Ereignisse gehen, um reiner und kräftiger sich zu erheben.

Der Thäter, der ein theures Blut vergossen, hat nicht geahnt, daß jeder Tropfen dieses edlen Lebens von jedem aus dem Volke Oesterreichs heiß und schmerzlich empfunden wird, als stöße er aus dem eignen Herzen, er hat nicht geahnt, daß der Himmel, der sichtbar über das geheiligte Haupt seines Erwählten wacht, aus der bösen That eine Saat unsterblicher Treue wird aufsprießen lassen.

Der Unglückselige, dessen Hand der verblendetste Fanatismus geführt, hat nicht bedacht, daß so schwarzer Beginn, so himmelschreiender Frevel nie und nimmermehr gelingen könne. – Sehr richtig bemerkt in dieser Hinsicht ein Wiener Blatt:

,,Nie hat der Gedanke, daß die Herrscher und Gottgesalbten der Erde unter dem unmittelbarsten Schutze des Himmels stehen, sich deutlicher gezeigt, als in unserer von

Irrlehren und Leidenschaften zerrissenen Zeit, wo so oft schon der Mörderstahl auf ein gekröntes Haupt gezückt war. Aber immer hat die göttliche Vorsehung die Häupter Napoleons, Ludwig Philipps, des Königs von Preußen, der Königinnen von England und Spanien, so wie jetzt dasjenige, das wir in tiefster Verehrung ein allgeliebtes nennen, so gnadenreich beschützt, als daß nicht darin schon der Beweis der göttlichen Sendung der Herrscher läge!"

Der Schauplatz des Anschlags

Wir wollen hier mit einigen Worten die Oertlichkeit, wo das Attentat verübt wurde, schildern, es dürfte dieses um so mehr von Interesse sein, als über den eigentlichen Punkt, wo Se. Majestät der Kaiser gestanden, einige abweichende Angaben gemacht worden sind.
Wenn man von der Kärnthnerstraße aus über die Stiege auf die Bastei hinaufsteigt, so ist rechts gegen die Front des Palais Sr. kaiserl. Hoh. des Erzherzogs Albrecht der Eingang in die kais. Loge des Kärnthnerthortheaters. Von diesem Eingang wird der Basteiweg durch eine Treibhausmauer so sehr verengt, daß, wenn man die Ecke der Mauer und den Winkel derselben überschritten hat, man von den rückwärts Gehenden, die sich noch hinter der Treibhausmauer befinden, nicht mehr gesehen werden kann. Wer also vor diesem Winkel und vor der Treibhausmauer geht, wird von Denjenigen, welche noch hinter der Mauer hinter dem Winkel gehen, so lange nicht gesehen, als bis sie selbst vor dem Winkel herauskommen.
Dagegen befindet sich, wenn man die Kärnthnerthorstiege hinaufgeht, links einige Schritte davon, eine kleine Allee noch ganz junger Bäume, zwischen welchen einige Bänke für die Spaziergänger aufgestellt sind.
Auf einer dieser Bänke nun, von welcher man sehr gut einen jeden schon aus der Gegend des erzherzoglich Albrecht'schen Palais sich Nähernden erblicken kann, ist, wie Augenzeugen gesehen haben, schon um die Mittagsstunde des 18. Februar ein junger, nicht großer, aber starker und kräftig gebauter Mensch in ziemlich anständigen Kleidern gesessen. Sein Aussehen konnte nicht auffallen,

denn daß er etwas längere Haare und einen niedrigen ungarischen Hut mit breiten Krempen trug, war in Wien, wo so viele Ungarn sich immer befinden, nichts Verdächtiges. Und dieser Mensch war *Johann Libényi* aus *Ezakvar*, Stuhlweißenburger Comitat in Ungarn, gebürtig, ein Schneidergeselle, dessen Namen ganz Wien zwei Stunden später mit Entsetzen als den Namen des Meuchelmörders auf den geliebten Kaiser nennen sollte. Dieser Verbrecher, dessen mürrischer Gesichtsausdruck schon den Grimm seiner Seele verrieth, befand sich bereits fast seit zwei Jahren in Wien und war während dieser Zeit bei zehn Meistern beschäftigt; zuletzt arbeitete er bei dem Meister Maier in der Leopoldstadt.

In seiner Arbeit ward er als ziemlich fleißig geschildert; er ging früh acht Uhr an seine Arbeit, und verließ dieselbe erst Mittags zwölf Uhr; eben so fand er sich Nachmittags bei der Arbeit ein. In seinem letzten Quartiere in der Schmidgasse Nr. 63 in der Leopoldstadt wohnte er seit zwei Monaten; er verließ sein Quartier gewöhnlich um 7 Uhr Morgens und kam erst Abends zwischen 8 und 10 Uhr stets aber vor der Thorsperre nach Hause. Bekannte und Freunde wurden mit Ausnahme eines Setzerlehrlings keine bei ihm gesehen; er sprach schlecht deutsch und hat sich mit dem erwähnten Lehrling stets in ungarischer Sprache unterhalten. Er ging gewöhnlich düster und mürrisch herum.

An Kleidern besaß er sehr wenig, so wie er sich überhaupt in größter Dürftigkeit befand, und bei der vorgenommenen Untersuchung ist keine seinen Umständen unangemessene Baarschaft bei ihm gefunden worden. Er hat sich häufig mit dem Lesen aufreizender Bücher beschäftigt, und seit vierzehn Tagen verließ er regelmäßig um 12 Uhr

Mittags die Werkstätte und ging nach dem Essen auf die Bastei; am Tage des versuchten Attentats arbeitete er bei seinem Meister an einem blauen Gilet, und verließ wie gewöhnlich um 12 Uhr das Arbeitszimmer, um, ohne bevor sein Mittagsmahl einzunehmen, welches er gewöhnlich in einem sogenannten „Privatkosthause" in der innern Stadt zu thun pflegte, auf die Bastei zu gehen.
Um halb ein Uhr also ist Libényi schon auf einer dieser Bänke gesessen, als zur selben Zeit vor dieser Allee zwei der auf der Bastei fortwährend patroullirenden Polizeimänner sich kreuzten. Beide hatten sich eben etwas weiter entfernt, als von der Gegend des erzherzoglich Albrecht'schen Palais Se. Majestät der Kaiser in Uhlanen-Uniform und Höchstdessen Flügeladjutant Herr Oberst Graf O'Donnel sich dem Theile der Bastei näherten, wo der verruchte Mörder lauernd saß.
Er konnte von der Bank aus, wo er saß, wohl sehen, ob und wie nahe Jemand der erhabenen Person des Monarchen folge, und als er sah, daß erst in einiger Entfernung Leute nachkommen, und ein Theil der Bastei, auf welcher er sich befand, gerade ziemlich leer war, so scheint in diesem Augenblicke der teuflische Gedanke in ihm zum Entschlusse geworden zu sein.

Das Attentat

Se. Majestät waren noch nicht weit von jenem Winkelvorsprung hervorgetreten, als Trommelschlag, welcher im Stadtgraben unter dem Kärnthnerthore, an jener Stelle, wo sich ein Theil des sogenannten alten Arsenals befindet, die Aufmerksamkeit des Monarchen auf sich zog. Eine Anzahl Urlauber waren so eben eingerückt und bestanden vor ihren Commandanten Musterung.
Se. Majestät blieb stehen und beugte sich etwas über die Stadtmauer, um auf die Soldaten zu sehen, der Flügeladjutant Herr Graf O'Donnel stand dicht neben ihm; da näherte sich rasch und entschlossen der Mörder, und zwar von der rechten Seite – er hatte kaum acht Schritte hinter dem Monarchen gestanden – und führte in diesem Augenblicke mit einem aus der Brusttasche seines Rockes blitzschnell herausgezogenen langen Küchenmesser, dessen Klinge allein 10 Zoll lang und von der Spitze vier Zoll weit auf beiden Seiten scharf geschliffen war, einen so furchtbaren Stich nach dem Hinterhaupte Sr. Majestät, daß das messer, wie die Untersuchung nachwies, sich an der Spitze fast einen Zoll stark umbog und Se. Majestät in der ersten Erschütterung des Schlages der Meinung war, daß hinter Seinem Rücken eine Pistole abgefeuert worden sei.
Der Meuchelmörder, sehend, daß er einen Fehlstoß gethan, hob rasch in teuflischer Wuth den Arm zu einem zweiten Stoße; doch in denselben Augenblicke hatte auch bereits der Flügeladjutand *Graf O'Donnel* den Säbel gezogen und warf sich dem Ungeheuer entgegen, das den Säbel des Grafen mit der Hand fassen wollte, und sich dadurch in der inneren Fläche der Hand und an mehreren

Fingern verwundete, nichtsdestoweniger aber dem Herrn Grafen einen verzweifelten Widerstand entgegensetzte, und von diesem nur mit vieler Mühe und Ringen zu Boden geworfen werden konnte.

Jetzt waren auch schon durch den Schall des Stoßes und das Rufen des Herrn Grafen von mehreren Seiten Leute, wovon mehrere derselben kaum 12 Schritt vom Schauplatz der That entfernt waren, herbeigekommen, welche unter Ausrufungen des Entsetzens sich besorgt um Se. Majestät sammelten, Herr *Ettenreich aber, Bürger und Besitzer des Hauses Nr. 775 auf der Wieden, Adlergasse, unter Allen der Erste am Platze,* sprang mit Gedankenschnelle dem Herrn Obersten O'Donnel zur Bändigung des Mörders bei, und hielt den bereits zu Boden Gerissenen; der noch immer verzweifelt sich wehrte, dort so lange fest, bis eine Patrouille zu seiner Verhaftung am Platze erschien.

Der übrige Theil des Publikums, ungefähr 40–50 Personen, meist Frauen, zeigten die ängstlichste Sorge für Se. Majestät den Kaiser, und boten Hilfe und Unterstützung an. Se. Majestät wurde erst jetzt auf die blutende Wunde aufmerksam gemacht, als schon die Spuren des herabtropfenden Blutes auf der Uhlanenuniform, welche, wie bereits erwähnt, der Kaiser in dieser Stunde trug, sichtbar waren. Se. Majestät hatte während der ganzen fürchterlichen Szene die größte Ruhe bewahrt, und in der unendlichen Güte seines Herzens selbst zu Herrn Ettenreich, der den Verbrecher am Boden festhielt und sich nicht enthalten konnte, dem noch immer sich Sträubenden vor Ingrimm über das verruchte Attentat einige Faustschläge zu versetzen, die Worte gesprochen: „Schlagen Sie ihn doch nicht!“ Jetzt erst, einige Minuten nach der That, verlangte Se. Majestät nach etwas Wasser, um es auf die Wunde zu legen, dankte huldreichst für das Anerbieten der Frau des Spediteurs Englisch, welche diensteifrig ihr Tuch zum augenblicklichen Verband anbot, und schritt, nachdem Allerhöchstderselbe sein eigenes Schnupftuch hervorgezogen, und mit der Hand auf die Wunde gepreßt hatte, gefolgt von allen Anwesenden, welche den wackern und muthigen Herrn *Ettenreich allein auf dem Boden liegend* mit dem Verbrecher zurückließen – dem Palais Sr. k. k. Hoheit, des Erzherzogs Albrecht zu. Bis zum Eintreffen der Patrouille vergingen ungefähr 10 Minuten, und es konnte nur einem so energievollen und starken Mann, wie Hr. Ettenreich ist, gelingen, den mit Verzweiflung und mit einer nach seinem Aussehen fast unglaublichen Kraft sich wehrenden Mörder an dem Entspringen zu hindern und denselben lebendig den strafenden Armen der Gerechtigkeit zu überliefern.

Se. kais. Hoheit Herr Erzherzog Rainer, welcher im Pallaste des Hrn. Erzherzogs Albrecht wohnt, saß gerade in seinem Zimmer und las, als sein Jäger hereintrat und erschrocken das Vorgefallene in einigen Worten meldete, hinzufügend, daß Seine Majestät bereits die Treppe heraufkomme. Se. kaiserliche Hoheit befahl sogleich die nöthigen Vorbereitungen zu treffen, sandte einen Wagen um den nächsten Arzt, und eilte Sr. Majestät dem Kaiser entgegen, welcher so eben hereintrat und seinem hohen Anverwandten das ganz mit Blut getränkte Tuch zeigte, welches er bisher auf die Wunde gepreßt hatte.

Indessen war auch bereits der Hoftheaterwundarzt Herr Stirner angekommen, um Sr. Majestät den ersten Verband anzulegen. Die Wunde war einen Zoll lang und klaffend. Vorher aber hatte der treue Flügeladjutant, Herr Graf O'Donnel, es sich nicht nehmen lassen, trotz dem Wider-

streben seines kaiserlichen Herrn die Wunde auszusaugen, um den möglichen Einfluß eines Giftstoffes zu beseitigen. Einige Minuten darauf trat auch schon der Bruder Sr. Majestät, Se. kaiserl. Hoheit, Herr Erzherzog Carl Ludwig, in das Zimmer Sr. Majestät.
In den ersten Minuten nach dem Attentat geruhte Se. Majestät in erhabener kindlicher Liebe Allerhöchst Seiner hohen Mutter zu gedenken, und die Besorgniß auszusprechen, daß eine voreilige Nachricht sie erschrecken könnte. Se. Majestät beauftragte deshalb Allerhöchst Seinen Herrn Bruder die erste Kunde des geschehenen Unfalls auf vorsichtige Weise der Durchlauchtigsten Frau mitzuteilen. In derselben Zeit war auch bereits der Leibarzt Sr. Majestät, Hofrath Seeburger, welcher sich eben in der Burg bei einer Krankenvisite befand, vor Sr. Majestät erschienen. Als der Arzt eintrat, sollen Se. Majestät lächelnd geäußert haben: „Doktor, Sie kommen schnell."
Mittlerweile hatte auch schon die Verhaftung des Meuchelmörders stattgefunden. Der Corporal der k. k. Militär-Polizeiwache hatte nähmlich auf den entstandenen Lärm aus eigenem Antrieb zwei Mann als Patrouille auf die Bastei geschickt, um sich von dem Grund des Lärmens zu überzeugen. Indeß kam auch die Patrouille des Militär-Wachpostens am Kärnthnerthore, man bemächtigte sich des Verbrechers, welcher noch immer unter der kräftigen Hand des Herrn Ettenreich am Boden lag, und so wurde er nun unter Bedeckung von 1 Corporal und 4 Mann von der Polizeiwache, und 1 Gefreiten und 6 Mann von Haynau-Infanterie auf die k. k. Polizei-Oberdirection escortirt. Auf dem Wege hatte der Verbrecher noch die Frechheit sich seiner That zu rühmen, und als die Polizeimänner ihn während des Escortirens enge umschlos-

sen, war er keck genug, ihnen zu bemerken: „er werde nicht entfliehen, er wisse, was er gethan habe.“ Während des Escortirens erregte es, da man den Hergang der Sache in der Stadt noch nicht genau wußte, Aufsehen, daß sein Gesicht ganz blutig war – es kam dieses aber daher, daß er sich mit derselben Hand, mit welcher er den Säbel des Herrn Grafen O'Donnel gefaßt und sich also verwundet hatte, auch später noch mehrmals über das Gesicht fuhr.

Die Schreckens-Nachricht

Zur selben Zeit als der entmenschte Verbrecher seinem verdienten Schicksale entgegenging, war auch Se. k. k. Majestät bereits in der Hofburg angelangt, und die Nachricht des ungeheuren Frevels begann sich immer weiter und weiter in der Stadt zu verbreiten, und wie mit einem Zauberschlage war von jedem Menschen das ungeheure Verbrechen, das geschehen, erfaßt, alle Gespräche drehten sich nur um die Frage: wie das Befinden Sr. Majestät des geliebten Kaisers sei, und wenige Minuten nachdem Se. Majestät selbst in der Burg angekommen, begannen sich bereits die Höfe mit Massen von besorgten Bürgern zu füllen, welche ängstlich jeder Nachricht harrten, die aus den kaiserlichen Gemächern bis herab gelangen konnte.

Die durchlauchtigste Mutter Sr. Majestät war kurz vorher aus der Kirche am Peter, wo sie ahnungsvoll zum Himmel gebetet, nach der Hofburg zurückgekehrt, und hatte eben Damen in ihrem Salon zum Besuche, als plötzlich der Bruder Sr. Majestät in den Salon trat und Seiner hohen Mutter den Wunsch des Kaisers überbrachte, Sich zu Ihm zu verfügen. Auf dem Wege dahin ward die erhabene Frau auf schonende Weise von dem Vorgefallenen unterrichtet. Ehe sie aber noch das Ganze der fürchterlichen That erfahren konnte, war Ihr schon Se. Majestät der Kaiser selbst entgegengeeilt, um durch sein persönliches Erscheinen die schwerste Last vom Mutterherzen zu nehmen.

Alle, auch die ersten Worte, welche Se. Majestät der Kaiser selbst in seinen Gemächern zu dem augenblicklich herbeigeeilten Herrn General-Adjutanten Grafen Grünne und dem Herrn Chef der obersten Polizeistelle FML. von

Kempen sprach, sind glänzende Zeugen von den erhabenen Gesinnungen unseres kaiserlichen Herrn: „Beruhigen Sie sich," geruhte er zu sagen, – „ich theile das Schicksal meiner tapferen Soldaten."
Indessen war jede Nachricht, welche aus den kaiserlichen Gemächern in den Burghof und auf den Burgplatz hinabgelangten, von der versammelten Menge mit Entzücken und den innigsten Gebeten für das Wohl des geliebten Monarchen aufgenommen worden. Jedes Wort einer beruhigenden Nachricht verbreitete sich immer weiter und weiter, und eine unbeschreibliche Feude herrschte, als ein Mitglied des Allerhöchsten Kaiserhauses selbst der versammelten Menge die glückbringende Nachricht mittheilte, daß der Zustand Sr. Majestät des Kaisers keineswegs Besorgniß erregend sei. Man sah in diesem Moment alte Männer Freudenthränen weinen. Jeder beeilte sich die frohe Nachricht überall hin zu verbreiten, Unbekannte sprachen einander auf der Straße an, und theilten sich die Freudenbotschaft mit, es wurden Almosen vertheilt mit dem Auftrage für Se. Majestät zu beten – es war einem Jeden, als wenn in dem Kaiser das theuerste Glied seiner Familie getroffen worden wäre.
Auf die erste Nachricht von dem geschehenen Attentate füllten sich sogleich die Räume der Hofburg mit allen Großwürdenträgern des Staates und den Gesandten der fremden Mächte. Alle Herren Minister, Reichsräthe, die hohe Generalität, viele k. k. Kämmerer, Mitglieder des hohen Adels, der Herr Bürgermeister von Wien hatten sich eingefunden, und die energischsten Maßregeln eingeleitet, um der möglichen Verzweigung der Unthat auf die Spur zu kommen. Auf hohen Befehl wurden die Linien geschlossen, der Abgang der Eisenbahnzüge und der Posten

eingestellt, und in vielen hiesigen Gasthäusern die Papiere der hier anwesenden Fremden revidirt. Das Telegraphenbureau war für Privatdepeschen geschlossen, und nur von den Herren Ministern des Aeußern und Innern benutzt, um sogleich in alle Provinzen und an die auswärtigen Gesandtschaften die Nachricht von dem Attentate und der glücklichen Rettung Sr. Majestät des Kaisers in folgender Depesche zu befördern:

„*Seine Majestät wurde heute um halb Ein Uhr während eines Spazierganges auf der Bastei nächst dem Kärnthnerthore von einem Individuum meuchlerisch von rückwärts angefallen und mit einem Küchenmesser in der Gegend des Hinterhauptes verwundet.*
Die Wunde ist nach dem Ausspruche der Aerzte nicht gefährlich.
Der Mörder wurde auf der That von dem Se. Majestät begleitenden Flügeladjutanten ergriffen.
Die Stadt ist in der größten Entrüstung über dieses Attentat, alle Klassen legen die tiefste Theilnahme an den Tag. Die Ruhe ist nicht im mindesten gestört.“

Der einzige Eisenbahnzug, der an diesem Nachmittag abging, beförderte einen russischen Courier nach Warschau. Indessen war der Verbrecher auf die Polizei-Oberdirection gebracht worden und hatte dort ein erstes summarisches Verhör bestanden.
Er war frech und lügnerisch in den ersten Antworten, nach einigen Querfragen aber gab er sogleich Namen, Stand und Wohnung an, und sogleich wurde eine genaue Durchsuchung der letztern angeordnet, welche auch bereits kurz nach 2 Uhr mit umfassender Umsicht vorgenommen wur-

de. Der Verbrecher, welcher kurz darauf in das Polizeihaus überbracht wurde, konnte auf dem Wege dahin nur mit Mühe vor der gerechten Wuth der über das schändliche Attentat empörten Volksmenge geschützt werden. Von tausend Lippen strömten Flüche und Verwünschungen auf sein Haupt, von denselben Lippen, welche im nächsten Augenblicke wieder die inbrünstigsten Gebete für das Wohl des geliebten Kaisers zum Himmel schickten.

Indessen hatte sich bereits bis in die entferntesten Vorstädte die Nachricht des Attentates verbreitet, und die Bevölkerung eilte in die Stadt, um da neue Nachrichten zu erhalten, und die quälende Sorge zu erleichtern. Man erwartete allgemein die Ausgabe eines Extrablattes der Wiener Zeitung, welches auch gegen 4 Uhr erschien, und in einem Augenblicke in Tausenden von Exemplaren von der Menge, welche sich vor dem Ausgabsorte der Wiener Zeitung drängte, vergriffen war.

Dieses Extrablatt lautete:

„*Ein schändliches Attentat ist auf die Allerhöchste Person Sr. k. k. Apostolischen Majestät verübt worden. Se. Majestät wurden heute (am 18.) um halb 1 Uhr während eines Spazierganges auf der Bastei nächst dem Kärnthnerthore von einem Individuum meuchlerisch von rückwärts angefallen und mit einem Küchenmesser in der Gegend des Hinterhauptes verwundet.*

Die Wunde ist nach dem Ausspruche der Aerzte nicht gefährlich. Der Mörder wurde auf der That von dem Se. Majestät begleitenden Flügeladjutanten ergriffen. Für die glückliche Rettung Sr. Majestät wird am 18. um 6 Uhr in der St. Stephanskirche ein Te Deum abgehalten.

Gegen zwei Uhr nachmittags wurde das erste ärztliche Bulletin mit folgendem Inhalte veröffentlicht:

Aerztlicher Befund.

„*Die Sr. k. k. Apostolischen Majestät heute meuchlerisch am Hinterhaupte zugefügte Stichwunde hat glücklicher Weise keine Gefahr drohenden Theile betroffen. Die durch dieselbe zugleich bewirkte Erschütterung mit ihren Folgen ist in Abnahme begriffen. Das allgemeine Befinden ist beruhigend.*"

Wien, den 18. Februar 1853. Nachmittags 2 Uhr

Hofrath Seeburger, Wattmann,

k. k. Leibarzt k. k. Leibchirurg.

Auf 6 Uhr Abends war ein feierliches Te Deum für die glückliche Rettung Sr. Majestät des Kaisers im St. Stephansdome bestimmt. Um fünf Uhr schon versammelte sich bereits ein zahlreiches Publikum sowohl auf dem Platze vor der Kirche, als in allen Straßen, welche von der kaiserlichen Burg aus auf den Stephansplatz führen. Vor der Kirche selbst waren drei Bataillone Infanterie aufgestellt, und als gegen sechs Uhr Ihre Majestät die Kaiserin Mutter, die durchlauchtigsten Eltern und Brüder Sr. Majestät des Kaisers, sowie die übrigen in Wien anwesenden Miglieder des durchlauchtigsten kaiserlichen Hauses sich in die Stephanskirche begaben, wurden Höchstdieselben während der Fahrt von dem zahlreich versammelten Publikum mit lautem Vivatrufe begrüßt.

Die Kirche selbst, in welcher sich die gesammte h. Generalität, die k. k. Arcieren-Leibgarde und das Officiercorps, die Herren Reichsräthe und Minister, das diplomatische Corps der h. Adel, eine große Anzahl von Staatsbeamten, der gesammte Gemeinderath und Magistrath versammelt hatten, war außerdem von einem zahlreichen Publikum in allen Räumen dicht besetzt. Se. fürstl. Gnaden der hochwürdige Herr Erzbischof fungirte bei dem feierlichen Te Deum in Anwesenheit des gesammten hochwürdigen Domclerus. Die Trabanten-Leibgarde und die Hof-Gendarmerie bildeten in der Kirche die Spaliere.

Mit gleichem Enthusiasmus, wie bei der Ankunft, wurde auch die Allerhöchste kaiserliche Familie bei höchstihrer Rückfahrt aus der Kirche in die k. k. Burg in allen Straßen und auf allen Plätzen, welche der Allerhöchste Zug auf diesem Wege berührte, begrüßt. Jetzt leuchteten auch schon aus allen Fenstern die Freudenlichter einer zwar nur improvisirten, aber nichtsdestoweniger sehr glänzenden *Illumination,* welche kurze Zeit darauf sich nicht mehr auf die Stadt allein beschränkte, sondern alle Vorstädte wie einen leuchtenden Feuerkranz um die innere Stadt herum legte. An den meisten Fenstern erblickte man, dem festlichen Augenblicke angemessen, die Büste oder wenigstens das Porträt Sr. Majestät des Kaisers, und der Wintergarten von Blumen, der in vielen Fenstern sich um diese Bilder oder Büsten rahmte, war die Symbolik der Wünsche treuer Herzen für das künftige Leben des geliebten Monarchen.

Die Loyalitäts-Beweise

An diesem Tage hatte sich die alte Liebe Wiens zu seinem erhabenen Kaiserhause auf das Glänzendste wieder Bahn gebrochen. Männer aus den untersten Schichten der Bevölkerung hatten Thränen in den Augen, wenn sie von ihrem jungen Kaiser sprachen. Bis an die entferntesten Linien hinaus war bei der Illumination am Abend auch nicht ein Fenster unbeleuchtet; in den Luken von Kellerwohnungen standen bescheidene Oellämpchen, und man erzählt als Beweis rührender Opferfreudigkeit, daß in einem Häuschen einer entfernten Vorstadt, wo in drei Kammern drei Familien wohnen, diese zusammen ihr letztes Geld für eine Kerze ausgaben und diese in drei Theile schnitten, um nur jedes Fenster beleuchten zu können! – Von all den vielen armen Arbeitern, welche durch die Sperre der Linien gezwungen waren, einen Theil der Nacht in der Stadt zu bleiben, und nicht in ihre Wohnungen vor die Linien konnten – hörte man kein Wort der Klage, kein Wort des Unmuthes, sie fanden diese Maßregel im Interesse der Vorsicht und der Untersuchung für nöthig und bedauerten nur, unter Verwünschungen gegen den Mörder, den „jungen Kaiser, den's betroffen hat."
Ungefähr zu gleicher Zeit wie in der St. Stephanskirche wurde auch von dem hochw. Mechitaristenconvente eine kirchliche Dankfeier für die Errettung Sr. Majestät des Kaisers abgehalten, wobei der hochwürdigste Herr Erzbischof selbst pontificirte.
An demselben Abend, am 18., wurde auch schon die erste Condolenz- und Loyalitäts-Adresse, und zwar vom Nieder-Oesterr. Gewerb-Vereine, entworfen. Die Adresse

wurde bereits am 19. Sr. kais. Hoheit dem durchlauchtigsten Herrn Erzherzog *Franz Carl* zur huldvollen Uebergabe an Se. k. k. Majestät überreicht. Da sie die erste und zugleich der Ausdruck einer ebenso ansehnlichen als würdigen Corporation ist, so theilen wir sie nachfolgend mit:

Eure k. k. Apostolische Majestät!

„Die frevlerische Hand eines Verruchten hat es gewagt, die geheiligte Person Eurer k. k. Apostolischen Majestät anzutasten, das theure Leben des heißgeliebten Monarchen in Gefahr zu bringen. Unser schönes Vaterland, wie zu allen Zeiten, so auch jetzt in seinen Schutz nehmend, ließ es der Allmächtigste nicht zu, daß dessen Fluren, frisch ergrünt unter der Palme des kaum befestigten Weltfriedens, unsäglicher Schmerz heimsuche, unnennbare Trauer decke.
Geruhen Ew. k. k. Apostolische Majestät dem niederösterreichischen Gewerbe-Vereine allergnädigst zu gestatten, daß derselbe bei diesem beklagenswerthen, Dank der gütigen Vorsehung in seinen Folgen so glücklich gewendeten Ereignisse, Allerhöchstihnen den Ausdruck seiner Gefühle zu Füßen lege; geruhen Ew. k. k. Apostolische Majestät die tiefehrfurchtsvolle Versicherung huldreichst entgegenzunehmen, daß, so tief seine Bestürzung über die erhaltene Schreckensnachricht war, ebenso unbegränzt sein Jubel sein mußte, den angebeteten Herrscher gerettet zu wissen.
Ew. k. k. Apostolischen Majestät allerunterthänigst niederösterreichischen Gewerbe-Verein.“
Wien, den 18. Februar 1853.

Graf Harrach m. p., Präsident.

Am Tage nach dem Attentate brachte die Wiener Zeitung eine offizielle Darlegung des Vorganges, welche wir unsern Lesern eben aus diesem Grunde wiedergeben zu müssen glauben:
,,*Die ,,Wiener Zeitung" hat in der Zeit ihres vieljährigen Bestandes noch nie eine so schmerzliche Pflicht erfüllt, als heute, wo ihr die traurige Aufgabe zufällt, Nachricht von dem schaudervollen Verbrechen zu geben, welches gestern die Bevölkerung der Residenzstadt in Entrüstung und Entsetzen versetzt hat.*
Se. k. k. Apostolische Majestät, unser allergnädigster Kaiser und Herr, machten gestern, den 18. Februar, um die Mittagstunde den gewohnten Spaziergang um die Bastei. In der Nähe des Kärnthnerthores angelangt, verweilte der Monarch einige Zeit an der Brüstung der Festungsmauer und blickte in den Stadtgraben, wo in der Umgebung der Interimskaserne einige Truppenbewegungen stattfanden. Den Augenblick, wo Se. Majestät und der Allerhöchstdieselben begleitende Flügeladjutant Oberst Graf O'Donnel die Brüstung verließen und den Spaziergang fortsetzten, ersah der Meuchelmörder, um sich rücklings auf den Monarchen zu stürzen und auf die geheiligte Person Sr. Majestät mit einem starken Messer einen Stich in die Gegend des Hinterhauptes zu führen. Se. Majestät, einen Augenblick durch die Erschütterung des Stoßes betroffen, faßten Sich schnell, wendeten Sich rasch um und zogen den Säbel. Aber bereits hatte sich Graf *O'Donnel* auf den Mörder geworfen und suchte, mit demselben ringend, ihn zu überwältigen und zu entwaffnen. In dieser Pflichterfüllung ward er sogleich durch rasch herbeigesprungene Personen aus dem Civilstande unterstützt. Eine herbeigerufene Militärpatrouille verhaftete den Verbrecher. Derselbe

heißt Johann *Libénhi,* ist Schneidergeselle von Profession und aus Stuhlweißenburg in Ungarn gebürtig.

Der Monarch beruhigte die Umstehenden, die von Bewegung und Entsetzen ganz erschüttert waren. Aufmerksam gemacht, daß Allerhöchstdieselben im Nacken bluteten, legten Allerhöchstdieselben die Hand auf die Wunde, um das Ausströmen des Blutes zu stillen, und begaben Sich sichern Schrittes in das Palais Sr. k. Hoheit des durchl. Erzherzogs Albrecht, wo ein vorläufiger Verband angelegt wurde, worauf Allerhöchstdieselben sich zu Wagen in die kaiserliche Burg verfügten. Die zahlreich zusammengeströmte Volksmenge wurde von Sr. Majestät mit freundlichem Lächeln gegrüßt.

Dies der bisher zu unserer Kenntniß gelangte Hergang eines in Oesterreichs Geschichte beispiellosen Verbrechens, dessen Folgen die gütige Hand des Allmächtigen von dem Haupte unseres Kaisers und Herrn und von diesem in den letzten Jahren vielfach schwer geprüften Reiche gnädigst abgewendet hat. Ueber den Zustand der Wunde und über das Befinden Sr. Majestät verweisen wir auf das ärztliche Bulletin. Ein zweites Bulletin wird erst nach der Nachtvisite der Herren Aerzte ausgegeben, konnte daher nicht mehr in diesem Blatte zur Veröffentlichung kommen.
Die gerichtliche Untersuchung ist im Zuge und wird über die Beweggründe dieser Missethat und ihren Ursprung Licht verbreiten.“

An demselben Tage (am 19.), wo noch jedes Gemüth von den furchtbaren Erschütterungen des vergangenen Tages durchbebt war, erschien schon Vormittags Folgendes:

Zweites Bulletin.

Se. Majestät der Kaiser hatten eine ruhige Nacht. Das Abends eingetretene Reactionsfieber war mäßig und das Befinden Sr. Majestät ist beruhigend.
Wien, den 19. Februar 1853

Hofrath Seeburger,	Wattmann,
k.k. Leibarzt	k. k. Leibchirurg

Als endlich um $^1/_2$ 11 Uhr Vormittags vom St. Stephansthurme die große Glocke das Zeichen gab, daß das Hochamt zum Danke für die glückliche Errettung Sr. Majestät des Kaisers in dieser Kirche beginnen werde, war das Gotteshaus mit Andächtigen bereits überfüllt, so daß große Massen derselben vor dem Riesenthore, das geöffnet wurde, und durch das sich der glänzend beleuchtete Hochaltar zeigte, stehen blieben und unter freiem Himmel dem Gottesdienste beiwohnten. Die sämmtlichen Herren Minister, der hohe Reichsrath, die hohe k. k. Generalität, der Herr k. k. Statthalter von Nieder-Oesterreich, die Chefs der übrigen Ober- und Unter-Behörden, sammt deren Mitgliedern, so wie der Herr Bürgermeister mit dem Gemeinderathe und Magistrate wohnten der erhebenden Feierlichkeit bei. Die Menge der Equipagen, welche Andächtige zum Dome brachten, war so groß, daß die Zufahrten später durch Cavallerieposten abgesperrt werden mußten. Gleichzeitig war auch in allen übrigen Kirchen und Bethäusern der Residenz feierlicher Dankes-Gottesdienst, und alle Gotteshäuser waren überfüllt von Besuchern.
Unmittelbar nach dem Schlusse dieses Hochamtes versammelte sich der Gemeinderath in seinem Sitzungssaale im Rathhause zur Abfassung einer Ergebenheits- und Be-

glückwünschungs-Adresse an Se. k. k. Apostolische Majestät.

Der Herr Bürgermeister Dr. Ritter *v. Seiller* hatte dann Abends (am 19.) die Ehre, an der Spitze einer Deputation des Gemeinderathes von Sr. kaiserl. Hoheit dem durchlauchtigsten Herrn Erzherzoge *Franz Karl* empfangen zu werden und Höchstdemselben die ehrfurchtsvollste Bitte vorzutragen, die Beglückwünschungs- und Ergebenheitsadresse der Stadt Wien Sr. k. k. Apostolischen Majestät zu Füßen legen zu dürfen.

Se. kaiserl. Hoheit empfingen den Vorstand und die Repräsentanten der Residenz in überaus huldvoller Weise und versprachen denselben die überreichte Adresse Sr. k. k. Apostolischen Majestät unmittelbar zu übergeben. Se. kaiserl. Hoheit berührten hierauf in einem längeren Gespräche auch das Ereigniß von vorgestern und äußerten Sich dabei namentlich über die aus diesem Anlasse bei der Bevölkerung wahrgenommene Stimmung und Haltung mit den Worten:

„*daß Er an diesen lebhaften Zeichen aufrichtiger und inniger Theilnahme das alte und anhängliche Wien, wie es vor Jahren gewesen sei, wieder erkannt und diese Wahrnehmung Sr. Majestät mit Thränen in den Augen berichtet habe.*“

Die überreichte Adresse lautet:

„*Eure kaiserl. königl. Apostolische Majestät!*“

„*Das Unerhörte, das Unglaublichste ist geschehen! Ein verruchter Frevler hat es gewagt, die meuchlerische Hand gegen die geheiligte Person Eurer Majestät auszustrecken. Dank sei es der ewigen Vorsehung, daß ihre Macht das theure Leben Eurer Majestät und mit demselben die Hoffnungen und das Wohl von Millionen in so wunderbarer*

Weise beschützt hat, – daß das Aergste abgewendet wurde. Ein Schrei des Entsetzens, der höchsten Entrüstung durchlief die gesammte Bevölkerung Wiens bei der Kunde jener ungeheuren Frevelthat, die ein ganzes Reich in die tiefste Trauer versetzt. Es fehlt an Worten, um den Abscheu auszudrücken, der jede Brust bei dem Gedanken an ein so fluchwürdiges Beginnen durchdringt!

Je tiefer aber der Abgrund menschlicher Verworfenheit in jenem schaudervollen Attentate sich aufthat, desto heller mußte auch die Liebe einer bis in's Innerste erschütterten Bevölkerung zu ihrem angebeteten Monarchen erscheinen, für dessen Rettung sie gerne ihr Blut und Leben hingegeben hätte.

In heißer Inbrunst vereinigen sich die Stimmen von Millionen, um des Himmels Gnade, die so sichtbar über Oesterreich gewaltet hat, für die baldigste Genesung Eurer Majestät zu erflehen. Der Pulsschlag eines geliebten Herrschers wird ja in dem Herzen eines jeden seiner Unterthanen empfunden und das Heil eines ganzen Volkes hängt an seinem Wohlergehen.

So möge Gott der Allmächtige Eure Majestät auf allen Ihren Wegen beschirmen und dadurch Segen über Oesterreich ausstreuen, das in der Huld seines vielgeliebten Kaisers den Inbegriff aller Wünsche und Hoffnungen, das Wohl der Zukunft, den Trost und die Zuversicht in jeglicher Gefahr erblickt."

„Die Gnade der Vorsehung schenke Eurer Majestät ein langes Leben und mit unserem Vaterlande Glück und Heil!"

Wien, am 19. Februar 1853.

Am 19. Abends war bereits Se. königl. Hoheit Prinz Albert von Sachsen in Wien eingetroffen. S. k. Hoh. war in

Brünn, und hatte, sobald die Nachricht von dem Attentat in Dresden angekommen, von Sr. Maj. dem König von Sachsen telegraphisch den Auftrag erhalten, sich sogleich nach Wien zu begeben, um Sr. apostolischen Majestät die Gefühle des königlich sächsischen Hofes auszudrücken. Der Prinz hat sogleich nach seiner Ankunft Sr. Majestät einen Besuch abgestattet.

Der nächstfolgende Tag, der 20. Febr., ein Sonntag, war im umfassendsten Sinne ein Festtag für die treue Hauptstadt des Reiches. Bereits früh hatte die Wiener Zeitung folgende neue Bulletins gebracht, welche Alles mit der höchsten Freude und der glücklichsten Zuversicht über den ruhigen Verlauf der Krankheit des geliebten Monarchen erfüllten. Diese Bulletins lauteten:

Drittes Bulletin

In dem Befinden Sr. k. k. Apostolischen Majestät hat sich seit heute Morgens keine sonstige Veränderung eingefunden, außer daß sich das gestern Abends eingetretene Reactionsfieber, jedoch in minderem Grade, erneuerte.

Wien, den 19. Februar 1853. Abends 5 Uhr,

Hofrath Seeburger	Wattmann
k. k. Leibarzt.	k. k. Leibchirurg.

Viertes Bulletin

Das Befinden Sr. k. k. Apostol. Majestät ist den Umständen angemessen günstig. Das Reactionsfieber trat zwar früher als gestern ein, war jedoch von geringerem Grade und kürzerer Dauer. – Der Schlaf ist ruhig.

Wien, den 20. Februar 1853. Um 1 Uhr früh.

Hofrath Seeburger,	Wattmann,
k. k. Leibarzt	k. k. Leibchirurg.

Noch an keinem Sonntage mögen so viele innige und tiefgefühlte Gebete in den Kirchen Wiens aus Tausenden und Tausenden von Herzen zum Himmel emporgestiegen sein, als an diesem Tage, wo die Erinnerung an jene fürchterliche Stunde vom Mittage des 18. in jeder Brust noch so lebendig war. Diese allgemeine Theilnahme, diese glänzend und in nicht geahnter Fülle auflodernde Begeisterung der Treue, der Anhänglichkeit und Loyalität haben es in überzeugender Weise der Welt dargethan, wie sehr Wien und seine Bürger bis in die tiefsten Fasern ihres Herzens mit ihrem erhabenen Kaiserhause zusammenhängen. Wien war glücklich über die Errettung seines geliebten Monarchen.

Nicht allein, daß an diesem Sonntage Vormittags in allen Kirchen und Bethäusern Dankfeste abgehalten worden waren, nicht allein, daß sich das weiche, edle Herz Wiens in den reichen Spenden, welche für wohlthätige Zwecke flossen, neuerdings wieder auf das Glänzendste gezeigt hatte, so erscheint es doch auch als ein charakteristisches Zeichen, daß Wien die Freude über die Errettung seines erhabenen Monarchen bis in seine Lieblings-Vergnügungsorte mit übertrug, und bei sämmtlichen musikalischen Nachmittags-Unterhaltungen, welche am Sonntage in Wien und in der nächsten Umgebung abgehalten wurden, mußte immer auf Verlangen des Publikums die Volkshymne gespielt und überall mehrmals wiederholt werden. Den glänzendsten Beweis aber, daß die Allerhöchste kaiserliche Familie das geschehene Unglück nicht Wien zur Last lege, daß vielmehr die von den Einwohnern Wiens bewiesene Loyalität das höchste Vertrauen gefunden hatte, lag wohl darin, daß kein Miglied des Allerhöchsten Kaiserhauses die gewohnten Spaziergänge auf der Bastei oder im Prater einstellte; man sah den durchlauchtigsten Herrn Vater Sr. k. k. Majestät, J. J. kaiserl. Hoheiten die Herren Erzherzoge Brüder unseres kaiserlichen Herrn, als ob nichts geschehen wäre, vertrauend unter dem Volke wandeln, und nur die erhabene Frau, die zärtliche sorgenvolle Mutter Sr. Majestät des Kaisers, war seit dem Besuche des St. Stephansdoms bei dem Te Deum am 18. nirgends mehr erschienen, indem sie von dem Krankenbette ihres kaiserlichen Sohnes sich nicht entfernen wollte.

An demselben Tage, am Tage, wo Wien sich der lauten Freude über die Rettung Sr. Majestät überließ, fand, nachdem Mittags die durchlauchtigsten Eltern Sr. Majestät des Kaisers die Glückwünsche des hiesigen hohen Adels entgegengenommen, Nachmittags in der k. k. Burg, in Gegenwart sämmtlicher in Wien anwesenden Mitglieder der kaiserlichen Familie, die Decorirung des Herrn Josef *Ettenreich* statt, welcher der Erste dem mit dem Mörder ringenden Grafen O'Donnel zu Hilfe geeilt war. Der Graf O'Donnel hatte bereits für seine muthvolle und rasche That das Kommandeurkreuz des Leopoldordens erhalten, – und am 20. Nachmittags übergab der Herr General-Adjutant Sr. Majestät, Excellenz Graf Grünne dem bescheidenen Bürger, im Auftrage Sr. Majestät des Kaisers das *Ritterkreuz des Franz-Joseph-Ordens.* – Der wackere Mann war von dieser hohen Auszeichnung auf das Tiefste ergriffen, und Wien darf mit Stolz auf dieses Mitglied der Gemeinde blicken, der sich beharrlich weigerte, noch ein anderes Geschenk zu wählen, und Sr. Majestät die Versicherung auszusprechen sich erlaubte, „daß jeder Wiener Bürger an seiner Stelle nicht anders gehandelt haben würde als er selbst." Ihre Majestät die Kaiserin-Mutter ertheilte ihm noch den ehrenvollen Auftrag, Ihrer Majestät seine Gemahlin vorzustellen. – Bei dieser Gelegenheit wollen wir auch noch erwähnen, daß der Gemeinderath der Reichshauptstadt bereits am 19. beschlossen hatte, dem Herrn Flügel-Adjutanten Sr. Majestät, Grafen O'Donnel, das Ehrenbürgerrecht, und dem Herrn Ettenreich die große goldene Salvator-Medaille, die größte Auszeichnung, die ein Bürger Wiens von seinen Mitbürgern erlangen kann, zu verleihen.

Die Reactionen der Kronländer

Am Sonntage begann auch schon die Fluth der Adressen, welche von allen Corporationen Wiens Sr. Majestät zu Füßen gelegt wurden; es waren da auch schon Aufrufe erfolgt, welche aus Dank für die glückliche Erettung Sr. Majestät zu milden Spenden für wohlthätige Zwecke aufforderten und bereits an diesem Tage waren sehr beträchtliche Summen gezeichnet.

Aber auch aus den Provinzen waren an diesem Tage bereits die telegraphischen Nachrichten über den ersten Eindruck der Kunde des Attentates eingelaufen.

In *Pest-Ofen* sind gleich beim Bekanntwerden des entsetzlichen Ereignisses die Chefs der Behörden, selbst viele Privatleute in das Palais Sr. kaiserl. Hoheit des Erzherzog-Gouverneur geeilt, um über das Allerhöchste Befinden Sr. Majestät sich zu beruhigen. Am 20. wurde in allen Kirchen und Bethäusern in Pest-Ofen Te Deum und feierlicher Gottesdienst abgehalten, und alle Corporationen und Behörden stellten sich Sr. kaiserl. Hoheit vor, um die wärmsten Beileidsbezeigungen auszusprechen. Nicht unerwähnt können wir den tiefergreifenden Eindruck lassen, der im k. k. Militär offenbar sich kund gab. Die Truppen sandten noch im Laufe der ersten Nacht je zwei Unteroffiziere an Se. kaiserl. Hoheit den Herrn Landes-Gouverneur, um weitere Nachrichten über das Allerhöchste Befinden Sr. Majestät auf kürzestem Wege zu erhalten.

Als die telegraphische Nachricht von dem Attentate in *Prag* ankam, wurde das entsetzliche Ereigniß sogleich durch eine Kundmachung des Herrn Statthalters zur öffentlichen Kenntniß gebracht. Diese Kundmachung

wurde noch an demselben Tage Abends in den öffentlichen Localen vertheilt und rief allenthalben die lebhafteste Theilnahme hervor. Im Theater, wo sie in zahlreichen Exemplaren ausgegeben wurde, mußte Weber's Jubel-Ouverture gespielt werden und der Schluß derselben mit der Volkshymne ward dann mit so unermeßlichem Beifall begleitet, daß das Orchester die Volkshymne wiederholen mußte. Nach dem Ende des dritten Actes erhob sich der Herr Landes-Militärcommandant, Se. Excellenz der FML. Graf Clam-Gallas in seiner Loge und brachte ein Hoch auf Se. Majestät den Kaiser aus, welches von einem tausendstimmigen Hurrah! und nicht enden wollendem Vivatrufe beantwortet wurde. Am 19. wurde in der Domkirche ein solennes Hochamt abgehalten; auch die anderen Religionsgemeinden feierten durch Kirchengebet die glückliche Errettung Sr. Majestät.
In *Brünn,* wo die Nachricht von dem Attentate mit lauter Entrüstung aufgenommen wurde, ward bereits am 19. ein feierliches Te Deum abgehalten, dem Ihre kais. Hoheit die Frau Erzherzogin Elisabeth, Ihre königl. Hoheit die Prinzessin Wasa, Se. königl. Hoheit der Prinz Albert von Sachsen und sämmtliche Autoritäten beiwohnten. Die Kirche konnte die Menge der Andächtigen bei dieser Feier nicht fassen. Abends war die Stadt illuminirt, im Theater Festvorstellung mit Prolog, und später durchzog ein Zapfenstreich mit Fackeln die Stadt, welcher an mehreren Plätzen anhielt und die Volkshymne unter der größten Begeisterung des Volkes spielte.
In *Olmüz* wurden während der kirchlichen Feier am 19. auf dem Rathhausthurm die kaiserlichen und Landesfahnen ausgesteckt, Abends war die Stadt glänzend beleuchtet und am 20. auf Kosten der Gemeinde 100 Stadtarme ge-

speist. Der große Ausschuß und das Bürger-Officiercorps begaben sich zum Herrn Kreispräsidenten, um ihn zu bitten, den Ausdruck ihrer Loyalität an den Stufen des Thrones niederzulegen.
Gleiches war in *Troppau, Innsbruck, Klagenfurt, Laibach, Görz, Salzburg, Krakau, Lemberg* und *Hermannstadt* der Fall, wo überall die größte Freude über die glückliche Abwendung der Gefahr herrschte. In *Graz* war ebenfalls das Theater beleuchtet, und der Gemeinderath, das Bürgercorps, die ständischen Collegien und eine große Anzahl Einwohner bereiten Adressen an den Monarchen vor. Auch in *Linz* haben die Stadtverordneten, der Gewerbeverein und das ständische Collegium Adressen zu den Füßen des Allerhöchsten Thrones niedergelegt. Der Gemeinderath in *Lemberg* hat sogleich 1000 Gulden zu wohltätigen Zwecken bestimmt.
Die Depeschen aus Mailand und Venedig lauteten:
Mailand, 19. Februar. Die Schreckensnachricht von dem Attentate gegen die geheiligte Person des Monarchen wurde allgemein mit Entsetzen und Entrüstung vernommen. Der hochw. Herr Erzbischof ordnete sogleich die Aussetzung des allerh. Sacramentes durch drei Tage an, um die schnelle Genesung Sr. Majestät von Gott zu erflehen. Die vollkommenste Ruhe herrschte hier, wie in der ganzen Provinz.
Venedig, 19. Februar. Die Bevölkerung hat die Meldung von dem gegen Se. k. k. Apostolische Majestät verübten ruchlosen Attentate mit der tiefsten Entrüstung vernommen. Die allgemeinste, wärmste Theilnahme gibt sich kund. Die verschiedenen Repräsentanten haben sich sofort dem Herrn Militärgouverneur und dem Herrn Statthalter vorgestellt, um diese Gefühle auszudrücken. In al-

len Pfarrkirchen der Provinz werden feierliche Dankgebete für die wunderbare Rettung Sr. Majestät abgehalten. Hier ist auf übermorgen ein Hochamt mit Te Deum und Aussetzung des Sanctissimum durch den ganzen Tag in allen Kirchen der Stadt anberaumt. Sonst die ungestörteste Ruhe in der Stadt und Provinz.

In *Triest* wurde am Abende, als die Nachricht von dem Attentate anlangte, das große Theater geschlossen, eine Deputation begab sich gleich nach dem Eintreffen der Schreckensnachricht zu dem Herrn Statthalter, um ihm die Ausdrücke der unbegrenzten Loyalität der Stadt mitzutheilen und ihn davon in Kenntnis zu setzen, daß eine eigene Deputation mit einer Adresse nach der Allerh. Residenz abgehen werde.

Aber nicht in den Hauptstädten der Kronländer allein, sondern überall, wohin die Nachricht des verruchten Attentates gedrungen war, zeigte sich derselbe Geist der Liebe, der Treue und Anhänglichkeit an das erhabene Herrscherhaus, und der tiefste Abscheu vor dem begangenen Verbrechen. Die Spalten der Wiener Zeitung sind voll von den Schilderungen der Freudenfeste, der Beweise innigster Loyalität und Anhänglichkeit, welche jede Stadt Oesterreichs hier zu bethätigen bemüht war. Man kann buchstäblich sagen, daß nicht *ein Gotteshaus in dem ganzen weiten Reiche ist, in welchem nicht Dankgebete für die glückliche Errettung Sr. Majestät abgehalten wurden; nicht eine Gemeinde, welche nicht entweder durch eine eigene Deputation oder durch die Absendung einer Adresse ihre innigsten Gefühle zu den Stufen des kaiserlichen Thrones niedergelegt hätte.*

Da fast alle Adressen, und ihre Zahl ist viele Tausend, immer die gleichen Gefühle aussprechen, so werden wir nur

einige der wichtigsten und interessantesten unseren Lesern im Anhange mittheilen.
Vom 21. (Montag) angefangen, begannen die stürmischen Wogen der Sorge, welche jedes Herz in der Residenz in den letzten Tagen erfüllt hatten, wieder zu sinken, und jetzt kehrte aber auch immer mehr und mehr wieder Alles zur gewohnten Geschäftsthätigkeit zurück, welche die ersten zwei Tagen nach dem Attentate wie gelähmt war. Es war zugleich ein ebenso tröstender als erhebender Gedanke, daß immer mehr und mehr die loyalsten und befriedigendsten Nachrichten aus allen Kronländern einliefen, und es sich deutlich zeigte, wie aus diesem Unglücke ein neuer schöner Strahl der Völkerliebe hervorbreche.
In ganz Europa herrschte, wie telegraphische und Privatnachrichten verkündeten, über das schändliche Attentat das tiefste Entsetzen und die größte Erbitterung. An Se. k. k. Majestät gelangten seit Sonnabend den 19. eine große Anzahl Hofdepeschen, welche in den herzlichsten Worten das tiefste Bedauern über die That und die innigsten Glückwünsche über die Errettung Se. Majestät enthalten. Die am kaiserlichen Hoflager befindlichen Herren Gesandten erhielten von ihren resp. Höfen den Auftrag, über das Befinden Sr. k. k. Majestät des Tages zweimal Bericht abzustatten, und abgesehen von diesen ersten Beileidsbezeigungen versäumte es fast *kein Monarch Europas* sogleich auch durch Abgesandte, meist den hohen Würdenträgern seines Landes entnommen, eigene Beglückwünschungsschreiben an Se. Majestät den Kaiser gelangen zu lassen. Der erste Monarch, welcher auf diese Weise seine Sympathie aussprach, war Se. Majestät der König von Preußen.
Ihre Majestäten der Kaiser Ferdinand und Kaiserin Maria

Anna haben noch am Tage des Eintreffens der betrübenden Nachricht von dem gegen Se. Majestät den Kaiser verübten Attentate, von Prag eigenhändige Beileidsschreiben an Se. Majestät abgesendet, denen am zweiten und fünften Tage weitere Beglückwünschungsschreiben nachfolgten. Aber vor Allem manifestirte sich in Wien die Freude und Dankbarkeit der Bevölkerung über die glückliche Errettung des geliebten Monarchen, fortwährend durch gottesdienstliche Feierlichkeiten und unzählige Wohltätigkeitsakte. Seit Samstag den 19. fanden in allen Gotteshäusern Wiens fast ununterbrochen Dankesfeste für die Errettung Sr. Majestät und Gebete für die baldige Wiederherstellung des Kaisers statt, und es gibt keine Corporation in Wien, welche sich nicht daran auf das Wärmste betheiligt hätte. Man sah die Kirchen in solchen Stunden, wo die Gebete für Se. Majestät den Kaiser gehalten wurden, voller als je, und bemerkte Leute in den Gotteshäusern, welche sonst nicht so schnell in dem Troste der Religion die wahre Beruhigung für die quälende Sorge ihres Gemüthes zu finden hoffen.

Vor Allem glänzend waren die kirchlichen Feierlichkeiten, welche von den gelehrten Corporationen der Residenz, der Universität, dem Doctorencollegium, der Advocatenkammer ec. ausgingen. Diese Feierlichkeiten drängten sich derart, daß unser kleines Büchlein zu einem dicken Bande anwachsen würde, wenn man sie alle der Reihe nach aufzählen und beschreiben wollte. Aber als ein schönes Zeichen des Verständnisses ihrer Aufgabe müssen wir bemerken, daß gleich in den ersten Tagen nach dem Attentate, in allen Volksschulen angeordnet wurde, daß die Kinder täglich zweimal, nebst den gewöhnlichen Schulgebeten auch ein Gebet für die baldige Genesung Sr.

Majestät sprechen sollen. Der Keim der Religiosität, der Unterthanentreue und Liebe zu seinem Kaiser muß schon in der Volksschule vom ersten Beginne gepflegt werden, wenn sie den Menschen durch das ganze Leben begleiten und immer mehr und mehr erstarken soll.

Daß neben diesen kirchlichen Festen nicht die fromme Uebung der Mildtätigkeit versäumt wurde, ist natürlich; zu keiner Zeit flossen milde Spenden und fromme Gaben reichlicher, als in den ersten Tagen nach dem unglücklichen Attentate. Die erste Gabe, welche auf dem Altar der Wohltäthigkeit niedergelegt wurde, war bereits am Tage der fluchwürdigen That, jene des Wiener Banquiers Herrn Stametz Mayer, welcher die Summe von 5000 fl.* wohlthätigen Zwecken widmete.

Von diesem Momente an, begann der Strom der Gaben in einer fast noch nicht dagewesenen Weise. Das Haus Gina widmete gleich darauf 10,000 fl., das Haus Urnstein und Eskeles 5000 fl., die Nationalbank 20,000 fl., die Sparkasse 6000 fl., viele einzelne Privatleute zu 1000 fl., 500 fl., 250 fl. und die meisten Gaben waren zu 100 fl., so daß man nicht zu wenig rechnet, wenn man die Summe, welche bis Ende des Monats Februar aus Anlaß der glücklichen Errettung Sr. Majestät des Kaisers in Wien allein zu frommen Zwecken gewidmet wurden, auf weit mehr als 200,000 fl. anschlägt. Ein beträchtlicher Theil dieser Summe wurde theils von den Gebern, theils von den vertheilenden hohen Stellen den meuchlerisch Verwundeten in Mailand gewidmet, in Erinnerung der erhabenen Worte Sr. Majestät des Kaisers selbst, wo er sein Schicksal mit jenem der Offiziere seiner tapferen Armee in Mailand verglich.

* fl = Gulden, eine ursprünglich in Florenz geprägte Münze, daher die Abkürzung „fl".

Daß natürlich auch die *Provinzen* in solchen milden Gaben nicht zurückblieben, versteht sich wohl nach dem glänzenden Beispiele, welches die Reichshauptstadt gegeben hat, von selbst. Rühmend aber muß es anerkannt werden, daß man auch in den Kronländern darauf bedacht war, den eingegangenen Geldern eine praktische Verwendung zu sichern, und daß an vielen Orten davon Stiftungen für Schulen oder Krankenhäuser gemacht wurden, eine Verwendung, die dem erhabenen und frommen Sinne unseres Monarchen am nächsten liegt. Eine sehr glückliche Idee wurde von einem Gutspächter in *Ungarn* ausgesprochen, der den Vorschlag machte, ein großes Landes-Schullehrer-Seminar zu stiften, um durch den verbesserten Jugendunterricht, gleich im vorhinein eine solche Verwilderung des Gemüthes, wie sie bei dem Verbrecher Libényi zu Tage getreten war, unmöglich zu machen.
Die großartigste fromme Stiftung aber, welche aus Anlaß des fluchwürdigen Attentates gemacht wurde, ist jene, zu welcher Se. kaiserl. Hoheit der durchlauchtigste Bruder Sr. Majestät, Erzherzog Ferdinand Max sich entschlossen erklärte. Se. kaiserl. Hoheit hat nemlich dem Wiener Severinus-Vereine seinen Entschluß zu erkennen gegeben: zum Danke für die glückliche Rettung Sr. Majestät eine *Kirche zu bauen.*

Die Aufrufe

Am 2. März erschien in der Wiener Zeitung folgender Aufruf, welchen auch wir hier mitzutheilen nicht unterlassen wollen. Aufforderungen solcher Art müssen und sollen in jeder Weise verbreitet werden.
Der Aufruf lautet:
„Ein in Oesterreich neues Verbrechen ist geschehen. Eine Gefahr, vor deren bloßem Gedanken wir schaudern, ging nahe an uns vorüber; nur durch ein besonders gnädiges Walten der Vorsehung ward sie abgewendet. Den Frevel möge ewige Nacht bedecken; doch unsere Dankbarkeit und Freude soll sich ein Denkmal gründen, welches bis in die fernste Zukunft von ihr ein würdiges Zeugnis gebe. Ich halte es für das schönste Vorrecht meiner Lebensstellung, daß in ihr eine besondere Aufforderung liegt, bei Bethätigung der Unterthanentreue und der Liebe, der Hingebung, der Bewunderung für Se. Majestät überall der Erste zu sein und spreche daher der Erste einen Gedanken aus, von welchem ich voraussetzen darf, daß ihn Viele als eine Verwirklichung von schon gehegten Wünschen begrüßen werden.
Im Hause Gottes haben wir die Rettung Sr. Majestät gefeiert und ein Gotteshaus wird das schönste Denkmal sein, durch welches Oesterreichs Dankbarkeit und Freude sich der Welt ankündigen kann. Ich wende mich daher an Alle, welche mit mir den Wunsch theilen, daß die Gesinnung, welche uns erfüllt, eine großartige Bethätigung finde, und dadurch gleichsam die geistige Sühne des Verbrechens vollzogen werde, und lade sie ein, durch ihre Beiträge möglich zu machen, *daß zu Wien eine dem Zwecke ent-*

sprechende Kirche gebaut werde. Eine nähere Andeutung über den Ort läßt in diesem Augenblicke des ersten Entwurfes sich noch nicht geben. Es ist zu wünschen, daß dieses Gotteshaus im gothischen Style errichtet werde, welcher ohne Zweifel am besten geeignet ist, dem Aufschwunge und Reichthume des christlichen Gedankens durch die Baukunst einen Ausdruck zu geben.

Dazu sind nun allerdings sehr bedeutende Summen erforderlich. Aber das Kaiserthum ist reich an Besitzenden, welche sich niemals dem Anlasse entziehen, ihre Hingebung für Monarchen und Vaterland, so wie ihren Drang, für alles Würdige zu wirken, durch die That zu bewähren. Auch minder Wohlhabende werden ihre Gesinnung durch eine wenn auch noch so geringe Gabe bestätigen. Daher kann ich mich der Hoffnung überlassen, daß sich die Mittel finden werden, etwas der Größe des Gegenstandes entsprechendes hervorzurufen. Indessen ist es sehr zu wünschen, daß Alle, welche ein Erinnerungszeichen der glücklichen Errettung zu fördern beabsichtigen, ihre Beiträge der Bauführung zuwenden. „*Mit vereinten Kräften*" ist der Wahlspruch Sr. Majestät und ohne Vereinigung der Kräfte kann in keinem Bereiche etwas Bedeutendes geschaffen werden.

Wien, den 27. Februar 1853

Erzherzog *Ferdinand Max*"

Der vorstehende Aufruf Sr. k. Hoheit des durchlauchtigsten Herrn Erzherzogs *Ferdinand Max* wird nicht verfehlen, im ganzen Umfange des Kaiserstaates den freudigsten Nachhall zu finden.

Se. kaiserl. Hoheit haben unter Höchstihrem Vorsitze und in Verhinderungsfällen unter dem Vorsitze des durchlauchtigsten Herrn Erzherzogs *Karl Ludwig*, k. H., ein Komité gebildet, bestehend aus den hochw. Herren Fürsterzbischof von Wien und Fürstbischof von Seckau, den Herren Ministern des Innern und des Kultus, dem Nied.-Oesterr. Statthalter und dem Bürgermeister von Wien. Dieses Komité wird alle für den Kirchenbau erforderlichen Einleitungen treffen und für eine würdige Ausführung des von dem durchlauchtigsten Prinzen gefaßten Gedanken Sorge tragen.

Wegen Uebernahme von freiwilligen Beiträgen in den Kronländern wurden die geeigneten Vorkehrungen bereits getroffen. Zu diesem Zwecke ist an die hochwürdigsten Kirchenfürsten und Länderchefs die Einladung ergangen, im Wege des hochwürdigen Klerus und der politischen Behörden das beabsichtigte Werk der Religiosität, Vaterlandsliebe und christlichen Kunst zu fördern.

Die Beiträge zum Kirchenbau werden bei allen Statthaltereien und Landesregierungen, so wie auch beim Ministerium des Innern unmittelbar entgegengenommen.

Alle Beiträge werden durch die kaiserliche Wiener Ztg. und in jedem Kronlande durch die Landeszeitung veröffentlicht. Ueber den Fortgang der Sammlung, so wie über alle zur Ausführung des Unternehmens getroffenen Einleitungen und gefaßten Beschlüsse, so wie seiner Zeit über den Plan und Fortgang des Baues werden die Betheiligten durch periodische Berichte in den ämtlichen Zeitungen fortwährend in Kenntniß gehalten werden.

Kaum war dieser Aufruf erschienen, als sich allseitig in allen Kreisen der Bevölkerung des ganzen Reiches ein solcher Enthusiasmus für diese Idee aussprach, daß wohl mit Recht behauptet werden kann, vielleicht niemals noch sei in so kurzer Zeit eine so große Summe für einen wohlthätigen Zweck zusammengeflossen. Alle Classen der Bevölkerung im ganzen Reiche, vom höchsten Adel bis zum einfachsten Gewerbsmann herab, betheiligen sich mit Enthusiasmus an diesem frommen Denkmal der Bürgertreue, dessen Idee aus einem Herzen entsprungen, das dem geliebten Kaiser selbst so nahe steht.

Am Tage, wo wir dieses schreiben, am 14. März, beträgt die Summe der bereits zu den Kirchenbaue eingelaufenen Gelder schon mehr als 400,000 fl., und doch haben noch nicht die Sammlungen in den Häusern begonnen, welche durch das ganze Reich hindurch projektiert sind. Die Verlagsbuchhandlung dieses Buches hat in der Freude über die glückliche Errettung Sr. Majestät des Kaisers den Ertrag der ersten 100 Exemplare der ersten Auflage dieses Buches dem Kirchenbau bestimmt gehabt und den Betrag von 50 fl. auch gleich den Tag nach dem Erscheinen des Buches abgeführt.

Als einen Beweis, wie mächtig das patriotische Gefühl in jenen Tagen des Schmerzes und doch zugleich der Freude überall aufloderte, und wie der loyale Sinn immer dabei das Wohl des Vaterlandes im Auge hatte, theilen wir noch folgenden Aufruf an sämmtliche Völker Oesterreichs mit, welchen ein Ungar, dem Wiener Gewerbsstande angehörig, der k. k. Polizeidirektion mit einer Beilage von 100 fl. einschickte, und welchen Aufruf die k. k. Polizeidirektion, in Anerkennung des loyalen Zweckes, noch mit einigen Zeilen vermehrte:

Aufruf an sämmtliche Völker Oesterreich's!

„Wer unsern ritterlichen Kaiser Franz Josef und sein Vaterland und seine armen Mitmenschen von ganzem Herzen liebt, der folge meinem Beispiele und feiere mit mir die

glückliche Rettung unseres vielgeliebten ritterlichen Kaisers.
Oesterreicher, Magyaren, Slaven, Italiener, P. T. Militär, Beamte, Banquiers, Kaufleute, Bürger, Arbeiter, zeigen wir der Welt, daß wir Patrioten sind, zeigen wir der Welt, daß wir unsern ritterlichen Kaiser und unser Vaterland von ganzem Herzen lieben und Jeder folge meinem Beispiele.
Ich widme wegen glücklicher Rettung unseres vielgeliebten Kaisers von Mörderhand, zum Staatszwecke, für mich und meine Familie, bestehend aus 7 Personen, 100 fl.
Wenn von 36 Millionen Einwohnern ein Jeder mit 2 fl. meinem Beispiel folget, so haben wir kein Agio mehr!"
„Die k. k. Polizeidirection säumt nicht, diese schlichten, aber herzlichen Worte zur allgemeinen Kenntniß zu bringen. – Dieselben zeigen ja, auf welchem Wege unter Gottes Schutze die zureichende Hilfe in jeder Noth und Bedrängniß kommen kann und wird, – sie rufen den Patriotismus Oesterreichs wach, der sich allezeit so glänzend bewährt hat, – sie können, wenn sie allgemeineren Anklang finden, der Grundstein werden zu einem Monumente, welches dem Herzen Sr. k. k. Apostolischen Majestät, das nur dem Wohle seines Reiches schlägt, das Angenehmste und Erfreulichste sein wird.
Die k. k. Polizeidirection erbietet sich, jeden eingehenden Betrag dankbarst zu übernehmen, bis sich, je nach dem Erfolge, die hohe Finanz-Verwaltung bestimmt finden wird, die Kassen, wo weitere Beträge einzufließen haben, zu bezeichnen.
Nachdem der ungenannte Spender des ersten Betrages in seinem Briefe gebeten hat, die Verlautbarung seines Aufrufes auf seine Kosten möglichst zu fördern, so werden die Redactionen aller hiesigen, so wie der auswärtigen Tages-

blätter ersucht, sich dem beginnenden patriotischen Unternehmen anzuschließen und diese Zeilen in ihre Spalten aufzunehmen. Wien, den 24. Februar 1853.

Von der k. k. Polizeidirection."

Neben diesen Aufrufen darf aber auch noch ein anderes tiefgreifendes Wort nicht übergangen werden, das ein frommer Kirchenfürst zu seinen Kindern gesprochen, wir meinen den *Hirtenbrief* Sr. fürst. Gnaden des hochwürdigsten Herrn Erzbischofs von Wien, welcher gleich in den ersten Tagen nach dem Attentate veröffentlicht wurde und nicht wenig zur innersten Erbauung beitrug.

Während so alle Völker Oesterreichs ihre Bitten um eine baldige Genesung des geliebten Kaisers zum Himmel sendeten, während die Deputationen aus allen Kronländern sich in den Gemächern der kaiserlichen Burg drängten, um die Gefühle der Freude vor dem Throne Sr. Majestät auszusprechen, während tagtäglich aus dem fernen Auslande neue Beweise der Theilnahme einliefen, welche erhabene Herrscher und ganze Corporationen dem allverehrten ritterlichen Kaiser aussprachen, und selbst in den Städten fremder Länder, wie z. B. in Paris in der deutschen Capelle, in allen Kirchen Roms, in der Garnisonskirche in Berlin, in der Aufkirche in München, in Frankfurt, Mainz, Rastatt, Ulm, Bamberg, Leipzig, usw. feierliche Dankfeste für die glückliche Errettung Sr. k. k. Majestät veranstaltet wurden, schien an einem Tage, am 23. Februar, die Krankheit Sr. Majestät eine bedrohliche Wendung zu nehmen. Die entsprechenden ärztlichen Bulletins hatten folgenden Wortlaut:

Dreizehntes Bulletin

Der bisherige Gang der Krankheit Sr. k. k. Apostolischen Majestät war erwünscht; allein es ist jetzt die Zeitperiode eingetreten, in welcher die Folgen der erlittenen Erschütterung eine Kongestion herbeiführen, welche sich diesen Abend durch Eingenommenheit und Gefühl von Schwere im Kopfe kund geben. Wien, den 23. Februar 1853. Um 1 Uhr Morgens.

Vierzehntes Bulletin

Die verflossene Nacht schliefen Se. k. k. Majestät mit mehreren Unterbrechungen. Das Gefühl von Eingenommenheit und Schwere im Kopfe ist heute Morgens etwas vermindert. Wien, den 23. Februar 1853. Um 7 Uhr früh.

Fünfzehntes Bulletin

Im Laufe des Vormittags hatte sich bei Sr. k. k. Apostolischen Majestät ein leichtes Fieber eingestellt, aber keine Zunahme der heute Morgens wahrgenommenen Erscheinungen herbeigeführt. Wien, den 23. Februar 1853. Nachmittags 4 Uhr.

Von diesem Tage an wurde in allen Kirchen des Sanctissimum zur Verehrung und zum Gebet für eine glückliche Wendung der Krankheit des geliebten Monarchen ausgestellt. Privatleute und Vereine ließen besondere Messen lesen, und Gebete, so heiß, so innig, so flehend wie sie aus manchem Herzen seit Jahren wohl nicht mehr gekommen, drangen zum Himmel.

Und der Allmächtige, dessen Arm immer schützend über Oesterreich gewaltet, erhörte auch diesmal das Flehen von Millionen, das im weiteren Umkreise des Reiches zu ihm emporstieg, und die Krisis ging glücklich vorüber.

Die rastlose Sorge Sr. Majestät des Kaisers für das Wohl seiner Völker bewog aber die Leibärzte zu Vorstellungen wegen einer größeren Schonung des erhabenen Kranken, und demgemäß bestimmte Sr. Majestät Se. kaiserl. Hoheit

den Hrn. Erzherzog Wilhelm zu Seinem Stellvertreter während der noch kurzen Zeit seines Unwohlseins.
Die aber mittlerweile gezeigte Dankbarkeit des österreichischen Volkes gegen den Hrn. Grafen *O'Donnel* und Hrn. *Ettenreich,* welchen nächst Gott dem Allmächtigen vor Allem die Rettung des erhabenen Hauptes zu danken ist, ist ein neuer Beweis des wahrhaft tiefen Verständnisses des unermeßlichen Dienstes, welchen diese beiden Männer dem Vaterlande geleistet.
Viele Städte der Monarchie haben sich beeilt, dieselben in die Reihe ihrer Ehrenbürger aufzunehmen, Adressen und Dankschreiben wurden an sie gerichtet und ganze Gemeinden und Corporationen haben sich vereinigt, um ihnen gemeinsam ein Andenken zu überreichen. So bereitet unsere herrliche Armee für den Grafen *O'Donnel* das Geschenk eines Ehrensäbels vor, und für Hrn. *Ettenreich* läßt die Gemeinde *Hermannstadt* einen silbernen Pokal mit einer passenden Inschrift als Ehrengeschenk arbeiten.
Kostbarer als Alles muß aber für die beiden Retter des Kaisers jenes sinnige, aber unschätzbare Geschenk sein, welches die erhabene Mutter Sr. Majestät ihnen übergeben ließ.
Es besteht in einem Goldreif mit einem Türkis, unter welchem mehrere blutgetränkte Haare des kaiserlichen Herrn liegen! Am Rande des Ringes sind die einfachen, so ergreifenden Worte eingegraben: „Gott vergelt es Dir!"
Am 5. März, an demselben Tage, wo das Befinden Sr. Majestät des Kaisers bereits derart befriedigend war, daß die Leibärzte erklärten, von heute an kein Bulletin mehr auszugeben, an demselben Tage Mittags fand in dem neuen Sitzungssaale des Gemeinderathes, in Gegenwart des ganzen Gemeinderathes, des Magistrates und der Vertreter

der Vorstadtgemeinden, jener feierliche erhebende Akt statt, bei welchem Hrn. *Ettenreich* die große goldene Salvatormedaille, das höchste Ehrenzeichen, das die Gemeinde Wien einem ihrer Bürger verleihen kann, übergeben wurde.

Es fand ein solcher Andrang des Publikums statt, daß der Saal und die Tribüne, kaum als sie geöffnet wurden, auch schon überfüllt waren. Nachdem der Bürgermeister den Präsidentenstuhl bestiegen hatte und Hr. *Ettenreich* in den Saal eingeführt war, hielt der Bürgermeister Dr. Ritter von Seiller folgende Anrede:

„Zwei Wochen sind es, daß der Schreckensruf – wie ein Blitz – die Stadt durchzuckte: eine verruchte Hand habe sich an die geheiligte Person unseres geliebten Kaisers und Herrn gewagt.

Es ist nicht möglich, es ist eine Lüge! erscholl die einstimmige Antwort; ein solch grauenvolles Attentat ist der Geschichte Oesterreichs fremd, ist vollends unglaublich in den Mauern Wiens.

Die Entrüstung, den tiefsten, innigsten Schmerz zu schildern, als die schaudervolle That sich als traurige Wahrheit gezeigt, gebricht es mir an Worten. Es durchbohrte das Herz jedes treuen Unterthans, es ergriff das Innerste der Seele und konnte nur in der Mittheilung Linderung finden, daß die Hand des Allmächtigen über das theuerste Haupt gewacht und das Schrecklichste abgewendet.

Die erste Regung des wiederkehrenden Bewußtseins galt dem Herrn der Welten; es war das Gefühl des heißesten, inbrünstigsten Dankes: daß Er in seinem göttlichen Erbarmen und das Theuerste – uns unseren Kaiser erhalten. Doch wem gebührt nächst Gott unsere weitere Dankbarkeit? drängte es Jeden zu fragen; und wie Balsam in

klaffender Wunde mußte die Erwiederung wirken: es war ein Wiener Bürger, der dem kaiserlichen Begleiter hilfreiche Hand geleistet, der im Vereine mit dem edlen Grafen den verruchten Thäter bezwungen und unseren gnädigsten Herrn und Kaiser gerettet.
Ich bin weit entfernt, meine Herren, diese That als ein besonderes Verdienst geltend machen zu wollen, denn ich verbinde mit dem Begriffe eines Wiener Bürgers die unbedingte Hingebung für Fürst und Vaterland, die Bereitwilligkeit seinem Kaiser wie seinem Vaterlande Gut und Blut zu weihen; wen diese Gefühle nicht beleben, der ist kein Bürger Wiens. Glücklich muß ich aber Jenen preisen, dem die Gelegenheit geboten ward, die Pflicht zur That zu machen.
Sie, Herr Ettenreich, sind der Begünstigte, den die Vorsehung erkor, dem Gefühle der Bürger Wiens Ausdruck und Geltung zu geben. Ich sehe Sie an als den Träger der Gesinnungen Ihrer Mitbürger, als den Vertreter derselben, der im Namen Aller das Mandat glänzend gelöst hat.
Das Bewußtsein, die erste, größte, die heiligste der Bürgerpflichten, erfüllt zu haben, muß Ihnen der schönste Lohn sein. Die Erinnerung an die glückliche Vollführung wird das herrlichste Vermächtniß für Ihre Nachkommen bis in die spätesten Zeiten bilden. Diese Erinnerung wird auch ewig in den Herzen der Bürger Wiens leben.
Um Ihnen aber wenigstens einen schwachen Beweis des tiefgefühltesten, des unaussprechlichen Dankes zu geben, haben die Vertreter der Stadt Wien einstimmig beschlossen: Ihnen das höchste Ehrenzeichen, das die Kommune ihren verdienstlichen Bürgern zu bieten im Stande ist, die große Salvator Medaille zu verleihen. Indem ich Ihnen nun im Namen der Stadt Wien dieses durch Jahrhunderte

dem Verdienste geweihte Ehrenzeichen behändige, kann ich nur den Wunsch beifügen, Sie mögen dasselbe mit jenem Gefühle nehmen, als es Ihnen geboten wird.

Im Namen aber – nicht nur aller Bürger Wiens, sondern aller Bewohner dieser Kaiserstadt – lassen sie mir dem allgemeinen Gefühle Worte leihen und das feierliche Gelöbniß aussprechen, daß wir uns jederzeit fest und unabweichlich um den Thron unseres gnädigsten Monarchen schaaren, daß wir in der Hingebung für Fürst und Vaterland wetteifern wollen und den Allmächtigen bitten, unser Gebet zu erhören: Lange lebe unser gnädigster Herr und Kaiser Franz Josef der Erste!"

Dieser Aufforderung wurde durch ein dreimaliges begeisterungsvolles „Hoch" entsprochen, nach welchem dann Herr *Ettenreich* seinen Dank für die ihm von seinen Mitbürgern zuerkannte Auszeichnung in einer kurzen Rede mit bewegter Stimme aussprach. Er rechnete sich ebenfalls seine That – wie der Herr Bürgermeister bereits in seiner Ansprache angedeutet hatte – nicht als ein *besonderes* Verdienst an, sondern pries die göttliche Fügung, die es ihm möglich gemacht hatte, eine heilige Pflicht, welche jeder brave Wiener Bürger an seiner Stelle mit Aufopferung des Lebens erfüllt hätte, zu vollbringen. Er schloß mit einer Bitte an die Vorsehung, daß sie unsern allergnädigsten Kaiser und Herrn zum Heile des Vaterlandes im ungestörten Wohlsein noch recht lange erhalten möchte.

Diesen Worten folgte nochmals ein dreifaches vollstimmiges „Hoch" für den geliebten Monarchen.

Nach beendigter Feierlichkeit versammelte sich der Gemeinderath zu einer kurzen Sitzung und faßte in derselben den Beschluß: für den von Sr. kaiserl. Hoheit dem durchlauchtigsten Herrn Erzherzoge Ferdinand Max projectirten Kirchenbau 50,000 fl. aus den Mitteln der Gemeinde beizusteuern.

Deputationen, Adressen und Antworten

Wir haben schon auf den früheren Seiten die ersten Adressen mitgetheilt, welche bereits am 19. und 20. an den Stufen des kaiserlichen Thrones niedergelegt wurden. Von den zahlreichen anderen, im Laufe der Woche übergebenen Adressen erlaubt uns der Raum nur folgende wichtigere hervorzuheben.

Die erste große Deputation, welche hier erschien, war jene des hohen ungarischen Adels aus Preßburg mit dem Fürsten Primas von Ungarn an der Spitze. Sie wurde bereits am 21. zur Audienz gelassen. Se. k. k. Hoheit Herr Erzherzog Franz Carl geruhte folgende Worte als Antwort an dieselben zu richten:

„*Ich danke Ihnen herzlich für die warmen Ausdrücke Ihrer Theilnahme und Ergebenheit. Ich werde nicht säumen, selbe zur Kenntniß Sr. Majestät des Kaisers zu bringen. Die göttliche Vorsehung hat ein großes Unglück von uns abgewendet. Das beklagenswerthe Ereigniß, das uns getroffen, muß uns aber auch zur ernsten Lehre dienen. Es zeigte uns, wie sehr es Noth thut, daß Alle, die es mit ihrem kaiserlichen Herrn aufrichtig meinen, sich fest an die Regierung schließen, und Alles vermeiden müssen, was Unzufriedenheit hervorrufen oder nähren kann und unserem Herrn sein mühevolles Werk erschwert; in diesem Sinne, glauben Sie mir, muß Alles, Hohe und Niedere zusammenwirken. Ich danke Ihnen nochmals recht aufrichtig für die Darbringung Ihrer theilnehmenden Gefühle.*“

An demselben Tage hatte der Vorstand des Wiener Severinus-Vereins die Ehre, eine Adresse an Se. k. k. Apostolische Majestät in die Hände Sr. k. k. Hoheit des durchlauchtigsten Herrn Erzherzog Franz Carl niederzulegen. Se. kais. Hoheit nahmen die Adresse unter den wohlwollendsten Aeußerungen über die gedeihliche Wirksamkeit des Severinus-Vereins huldvoll entgegen und versprachen gnädigst, sie zur Kenntniß Sr. Majestät zu bringen. Der Wortlaut der Adresse ist folgender:

„Eure k. k. Apostolische Majestät!
Gott verläßt die Seinen nicht! Gott beschirmt das erlauchte Kaiserhaus! Gott schützet Oesterreich! Diese trostreiche Wahrheit hat sich abermals glänzend bewährt zur unaussprechlichen Freude von Millionen treuer Unterthanen. Bis hierher und nicht weiter! sprach der Allmächtige und der Mordstahl war aus der Bahn gelenkt, der scheußliche Anschlag des Ruchlosen war zu Schanden gemacht, Euerer Majestät unschätzbares Leben war gesichert und erhalten. Von diesem neuen Beweise göttlicher Huld und Gnade zu tief gefühltem Danke bewegt, sendet der Severinus-Verein die inbrünstigsten Gebete zum Himmel für die Wiedergenesung, für das Wohl Franz Joseph's I., in dessen geheiligter Person er nicht nur den von Gott gesetzten erhabenen Herrscher, sondern auch den treuesten Sohn der katholischen Kirche und zugleich ihren mächtigsten Schutz- und Schirmherrn so warm, als innig verehrt.
Geruhen Eure Majestät den ungeschminkten Ausdruck dieser Gesinnungen und Gefühle allergnädigst entgegen zu nehmen.“

Die von mehr als sechshundert Waldbauern der Gemeinden Klausen, Vorder-Brühl, Hinter-Brühl, Aninger, Weißenbach, Wassergespreng und Gaaden unterfertigte, an den Stufen des Thrones Sr. k. k. Apostolischen Majestät niedergelegte Adresse lautet:

„Euer Majestät!

Die Schreckensstunde, es habe eines verruchten Meuchlers Hand den Todesstreich geführt auf das geheiligte Haupt unseres angebeteten Monarchen, durchdrang wie ein Todesschauer unsere Thäler. Jedes Herz, selbst in der letzten ärmsten Waldhütte, war krampfhaft eingepreßt. Wir fühlten das ungeheure Unglück, das unser armes Vaterland getroffen, wir fühlten das unendliche Weh, das über tausend und abertausen Mütter gekommen, wir fühlten vor Allem den jammervollen Schmerz, das unsägliche Leid Einer Mutter, der hohen und erhabenen Frau, die da allen Frauen und Müttern vorleuchtet, ein Abbild der Tugend! Wir waren bis in den Tod betrübt!

Als aber der Freudenschrei erscholl, es habe die gütige Vorsehung unsern geliebten Landesfürsten geschirmt und gerettet, da wurde es laut in unsern Bergen, da wurde weit ein jedes Herz, da zitterte in jedem Auge eine Freudenthräne, und wir eilten Alle, Greise, Männer, Weiber, Kinder in das Gotteshaus und beteten inbrünstig, und unseres Gebetes Inhalt war:

Es wolle der Allmächtige Euer Majestät mit seinem Schild bedecken, auf daß zu Schanden werde unserer Feinde Bosheit, es wolle der Allgütige Euer Majestät lange erhalten, zum Heil und Segen unseres hochgebenedeiten Vaterlandes.

Euer Majestät
treu ergebenste und gehorsamste Unterthanen
Franz Xaver Grutsch,
Vorstand der Gemeinde Hinter-Brühl.
Hinter-Brühl, den 21. Februar 1853.“

Die Wiener Universität überreichte am 24. v. M. durch ihren Rektor Magnificus den Herrn Prof. Rokitansky, durch den Prorektor Herrn Bank-Gouverneur Dr. Pipitz und den Kanzler Herrn Bischof Dr. Zenner Sr. k. Hoheit dem Herrn Erzherzog Franz Karl eine allerunterthänigste Beglückwünschungs- und Ergebenheitsadresse. Se. k. Hoheit nahm die Adresse mit folgenden Worten entgegen: *„Es gereicht mir zur Befriedigung, auch von den Repräsentanten der Hochschule Wiens den Ausdruck der Loyalität und treuen Ergebenheit für Se. Maj. den Kaiser entgegenzunehmen, und ich werde nicht unterlassen, diese Ihre Ehrfurchtsbezeugung zu Höchstdessen Kenntniß zu bringen, sobald Er, wie wir Alle inbrünstig flehen, mit Gottes Hilfe wieder die Vollkraft der Gesundheit erlangt haben wird. Die Mitglieder dieser Körperschaft haben, wie Sie meine Herren es selbst aussprechen, einen eben so ernsten als wichtigen Beruf. Sie können ihre treue und Monarchen mit Glut und Blut treuen Jugend widmen, und durch Ihr Streben, all' Ihre Kraft der Heranbildung einer gottesfürchtigen, ihrem Monarchen mit Gut und Blut treuen Jugend widmen, und durch Ihr eigenes hervorleuchtendes Beispiel die Hochschule zu einer Pflanzschule der Gottesfurcht und Unterthanestreue erheben, wie sie es nach ihrem erhabenen Zwecke sein soll und sein muß, wenn die heranreifenden Generationen eine dauernde Stütze einer bessern, sittlichen und staatlichen Ordnung werden sollen."*

An demselben Tage, am 24. wurde auch die große, aus mehr als 120 der hervorragendsten Männer Ungarns bestehende Deputation empfangen, welche im Namen des ganzen Landes eine Beglückwünschungs- und Loyalitätsadresse überreichte.

Die Adresse lautet:

*„Euere kaiserliche königliche Hoheit!
Durchlauchtigster Herr!*

Die treugehorsamsten Unterthanen Sr. Majestät unsers allergnädigsten Kaisers und Herrn in Ungarn – entrüstet über die frevelhafte That, welche das theure Leben unseres glorreichen Monarchen meuchlings anzugreifen sich erkühnte, zugleich aber von Dankbarkeit durchdrungen für die göttliche Vorsehung, mit welcher der Herr der Heerschaaren unseren allergnädigsten Landesfürsten gerettet und dadurch ein so großes Unglück abgewendet hat – versammelten sich am jüngstverflossenen Sonntage in der Hauptstadt Ungarns, um ihr inbrünstiges Dankgebet dem Allerhöchsten darzubringen.
Doch dem Gefühle der Treue und Anhänglichkeit genügte das Dankopfer allein nicht, es bewog uns hierher zu eilen, um an den Stufen des kaiserlichen Thrones jede Gesinnungen auszusprechen, welche uns so lebhaft beseelen.
Leider ist es noch nicht möglich uns der geheiligten Person Sr. k. k. Apostolischen Majestät zu nähern, darum nahen wir uns in tiefster Ehrfurcht Euerer kaiserlichen Hoheit mit der unterthänigsten Bitte, sowohl mündlich als auch durch Ueberreichung der dieselben Gefühle in sich fassenden Beglückwünschungsadresse Seiner k. k. Apostolischen Majestät zu versichern, daß alle redlichen und treuen Bewohner Ungarns nebst der Entrüstung über die schwarze That mit innigster Wärme dem Allmächtigen danken, daß Er das Unheilvollste nicht gelingen ließ und dadurch ein so theures Leben geschützt hat, welches Gott der Allmächtige für das Wohl von Millionen noch lange – sehr lange erhalten möge.“

Se. k. k. Hoheit der Durchlauchtigste Herr Erzherzog Franz Karl geruhte Folgendes darauf zu erwidern:
„*Es gereicht mir zur Freude, den höchsten kirchlichen Würdenträger und eine so zahlreiche Versammlung edler Männer aus dem Königreiche Ungarn zu empfangen, welche aus dem Anlasse einer schweren, von Sr. k. k. Apostolischen Majestät durch die Güte der Vorsehung zum Besseren gewendeten Gefahr gekommen sind, den Segenswünschen und loyalen Gesinnungen, die sie durchdringen, einen würdigen Ausdruck zu geben. Indem ich Ihnen hierfür im Namen Sr. Majestät des Kaisers herzlich danke, werde ich mit Vergnügen der Dolmetsch Ihrer Gefühle bei unserem kaiserl. Herrn sein. Se. Majestät haben bei dem Besuche des Königreiches Ungarn so viele Beweise von Ehrerbietung und Unterhanstreue empfangen, daß diese Ihre Erneuerung und Bekräftigung Allerhöchstdemselben zu um so größerer Befriedigung gereichen und die erneuerte Bürgschaft gewähren wird, daß Sie und Alle, die es mit Ihrem kaiserlichen Herrn aufrichtig meinen, diese Gesinnungen auch jederzeit rückhaltlos und werkthätig bewähren werden. Lassen Sie uns aber inständigst zu Gott dem Allmächtigen flehen, daß er unserem Herrn die volle Kraft der Gesundheit wieder schenken möge!*“
Am 25. hatte die Deputation des böhmischen Adels unter Vortritt des Fürst-Erzbischofs von Prag, Cardinal Fürst *Schwarzenberg*, die Ehre, von Sr. k. k. Hoheit dem Herrn Erzherzog *Franz Karl* empfangen zu werden. Se. k. Hoh. erwiderte auf die ehrfurchtsvolle Ansprache Sr. Eminenz Fogendes:
„*Ich danke Eurer Eminenz und Ihnen, meine verehrten Herren recht herzlich für diesen Ausdruck loyaler Gesinnung und die heißesten Segenswünsche, welche Sie mir aus*

Anlaß der Se. Maj. den Kaiser betroffenen Gefahr mit eben so innigen als würdigen Worten darbringen. Ich nehme dieselben mit gerührtem Herzen entgegen, und werde mich der angenehmen Pflicht, sie zur gnädigen Kenntniß Sr. Majestät zu bringen, mit wahrem Vergnügen entledigen. Unser kaiserlicher Herr wird darin einen neuen Beweis finden, daß er auf den Adel Böhmens zu jeder Zeit als auf eine der kräftigsten Stützen Seines Thrones rechnen kann. Gott schütze und erhalte Ihn uns, das soll unser inbrünstiges Gebet sein."

Die Deputation der königl. Hauptstadt *Olmütz* wurde bei Ueberreichung einer Ergebenheitsadresse an Se. k. k. Apostolische Majestät von Sr. kaiserl. Hoheit dem durchlauchtigsten Herrn Erzherzog *Franz Carl* mit folgender Antwort beglückt:

„*Ich danke Ihnen herzlich, meine Herren, für diese Kundgebung der Gesinnungen treuer Ergebenheit und Anhänglichkeit, welche Sie Mich bitten, im Namen der Stadt Olmütz Sr. Majestät dem Kaiser darzubringen. Sobald Gottes Gnade unserem kaiserlichen Herrn die ersehnte Gesundheit wieder geschenkt haben wird, werde ich mit Vergnügen bei Höchstdemselben Mich dieser Ihrer Bitte entledigen und Ich kann Ihnen die Versicherung aussprechen, daß Se. Majestät den Ausdruck dieser Gefühle um so gnädiger aufnehmen werden, als die kaiserliche Familie die Loyalität der getreuen Stadt Olmütz in schweren Tagen kennen gelernt und erprobt hat.*"

Die niederösterreichische Handels- und Gewerbekammer, als Repräsentant von Industrie und Gewerbe, hat Sr. kaiserl. Hoheit Herrn Erzherzog *Franz Karl* folgende Adresse überreicht:

„Eure kaiserliche königliche Apostolische Majestät! Die göttliche Vorsehung, welche die Geschicke der Völker leite und ihre rechtmäßigen Herrscher schützt, hat den harten Schlag abgewendet, welcher durch ein frevelhaftes Attentat auf die geheiligte Person Eurer kaiserl. königl. Apostolischen Majestät von der ruchlosen Hand eines entmenschten Verbrechers geführt, Oesterreichs Glück und Wohlfahrt zu zertrümmern, seine schönsten Hoffnungen zu vernichten drohte.
Abscheu und Entsetzen ergriff die gesammte Bevölkerung Wiens bei der Schreckenskunde dieser fluchwürdigen That, und ein Schrei der höchsten Entrüstung widerhallt bereits aus allen Theilen des mächtigen Kaiserreiches; das Gefühl der innersten Wehmuth durchbebt die Herzen von Millionen treuergebener Unterthanen, die nun vor den Altären unserer heiligen Kirche im Staube liegen und inbrünstige Gebete des Dankes für die glückliche Errettung des theuern Lebens ihres geliebten Monarchen, vereint mit der Bitte um Höchstdessen baldige Genesung, zu dem Herrn der Welten emporsenden.
Diese Regungen der innigsten Gefühle wahrer Liebe und Anhänglichkeit zu der Allerhöchsten Person Eurer Majestät, unseres gnädigsten Kaisers und Herrn, welche allein nur aus der Tiefe treuerfüllter Herzen stammen, haben sich in diesem ernsten Momente tausendstimmig kundgegeben. Sie sind die sichersten Belege für das klare Bewußtsein einer Nation, welche ihrem erlauchten Monarchen die Segnungen des Friedens und alle aus der Neugestaltung und Einheit des Reiches hervorgehenden Wohlthaten verdankt, deren Einfluß sich eben so belangreich für Oesterreichs Handel und Industrie bewähren wird.
Von diesem Standpunkte hält es die treugehorsamste u.

österr. Handels- und Gewerbekammer für ihre höchste Pflicht, die innigsten Glückwünsche für die unschätzbare Lebensrettung Eurer kaiserl. königl. Apostolischen Majestät hiermit an den Stufen des Allerhöchsten Thrones in tiefster Ehrfurcht und zugleich im Namen ihrer zahlreichen Committenten niederzulegen, welche mit ihr vereint von dem sehnlichsten Wunsche beseeelt sind:
Gott der Allmächtige schütze und erhalte Eure k. k. Apostolischen Majestät in Kraft und Fülle der Gesundheit bis in das höchste Lebensalter:
Zum Heile Oesterreichs,
Zum Wohle seiner treuen Völker."

Die Hinrichtung

Das Urtheil, welches weltliche Gerechtigkeit über den Meuchelmörder Libényi aussprechen konnte, wurde am 26. Februar (Samstag) Morgens an ihm vollzogen. Es war ein trüber schneestürmischer Morgen, und doch hatte sich eine unübersehbare Menschenmenge am Richtplatze bei der Spinnerin am Kreuze, und auf den Glaciswegen, über welche der traurige Zug vom Fischerthor aus ging, versammelt. Bereits am vorigen Abend hatte man allgemein von der bevorstehenden Hinrichtung gesprochen, aber man nannte drei Plätze als Richtstätten, und schien nicht genau zu wissen, wo die Execution vor sich gehen werde. Ueber die letzten Tage des Verurtheilten erfahren wir Folgendes:
In den ersten Tagen seiner Verhaftung zeigte er viel Trotz und Verstocktheit. Am 23. wurde das Urtheil über ihn gefällt, es war ein einstimmiges; das Verbrechen und alle Umstände ließen auch nicht einen Milderungsgrund für den Meuchelmörder sprechen. Am Tage darauf, Donnerstag, wurde ihm im Verhörzimmer des k. k. Polizeihauses das Urtheil verlesen. Fenster und Thüren waren bei diesem Acte geöffnet, und im Hofe schlugen die Tambours den üblichen Ruf.
Anfangs schien Libényi seine künstliche Fassung mit aller Kraft bewahren zu wollen, aber in dem Momente, als er das Todesurtheil vernahm, war er sichtbar erschüttert. In seine Zelle wieder zurückgekommen, soll er längere Zeit durch das Fenster zum Himmel geblickt haben, dann brach er in Thränen aus und warf sich auf das Bett. In diesem Momente, wo er weinend Verwünschungen gegen

sich selbst ausstieß, scheint das bessere Gefühl in ihm erwacht zu sein. Dem ihn besuchenden Priester gelang es, das verstockte Gemüth zu erweichen, und die innigste Reue über den begangenen furchtbaren Frevel zog in das düstere Gemüth des Verurtheilten ein. Es bemächtigte sich seines Gemüthes eine innerste Zerknirschung und unter Strömen von Thränen legte er die unzweideutigsten Beweise der tiefsten Reue ab. Schon um 6 Uhr Morgens ward der Richtplatz, auf dem ein ganz neuer breiter und etwas höherer Galgen errichtet worden war, durch k. k. Militär, bestehend aus einem Bataillon Infanterie, einer Division Kürassiere und einer starken Abtheilung Polizeiwachmannschaft besetzt, während an den beiden Brükkenköpfen der Wienbrücke und der Wieden ebenfalls Militär aufgestellt war und zahlreiche Patrouillen die Hauptstraße bis gegen die Linie durchzogen.
Das Unwetter tobte und stürmte so furchtbar und der Schnee fiel so dicht, daß man auf 50 Schritte keinen Gegenstand wahrnehmen konnte. Gegen 8 Uhr langte der Scharfrichter unter Kürassier-Escorte am Richtplatze an und sogleich wurden die nöthigen Vorbereitungen am Galgen, das Befestigen des Strickes etc. getroffen. Das Unwetter, das immer stärker tobte und die Truppen förmlich einhüllte, hinderte nicht, daß sich immer mehr Zuschauer, worunter das weibliche Geschlecht ziemlich stark vertreten war, am Platze einfanden.
Der Delinquent war indessen Morgens 7 Uhr aus dem Polizeihaus in der Sterngasse abgeführt worden und ward unter sehr starker Escorte durch das Fischerthor über das Glacis und die Wieden in einem offenen Wagen, auf dem sich der Geistliche, der Profoß und drei Mann Wache befanden, nach dem Richtplatze gebracht. Er langte daselbst

wenige Minuten vor $^1/_4$ auf 9 Uhr an. Die Truppen hatten bereits früher drei dichte Quarrés um die Richtstätte formirt, und zwar standen in erster Reihe die Polizeiwachmannschaft, in zweiter die Infanterie, in dirtter die Kürassiere und rings herum eine bedeutende Menschenmenge. Nachdem Alles, selbst der Scharfrichter und seine Gehilfen aus dem innersten Quarré entfernt worden waren, betrat der Delinquent unter Begleitung des Profoßen und des Geistlichen, die eigentliche Richtstätte. Der Delinquent warf einen Blick auf den Galgen und ein schwerer Seufzer entrang sich seiner Brust. Sein Aussehen war ein abschrekkendes, verwildertes. Die Haare, die früher schwarz waren, waren in 48 Stunden fast grau geworden und standen borstenartig rings um den ganzen Kopf; die Augen waren stark aus den Höhlen getreten und ein starkes Zittern war an dem Delinquenten bemerkbar. Er sah den Geistlichen mehrmals an und wiederholte die Gebete, die derselbe ihm fortwährend in ungarischer Sprache vorsprach. Es wurden ihm hierauf die Fesseln abgenommen und der Auditor las nochmals mit lauter Stimme das Urtheil vor.

Während des Vorlesens desselben waren aller Augen auf den Verbrecher gerichtet, der fast das Bewußtsein verloren hatte. Nach beendetem Vorlesen trat der Profoß zu dem kommandirenden Herrn Stabsoffizier und bat in üblicher Weise um Gnade für den Verbrecher. Der Herr Stabsoffizier antwortete laut: ,,Bei Gott ist Gnade," und in diesem Augenblicke schien der Mörder, der das verruchteste Verbrechen mit kaltem Blute zu begehen im Stande war, wie verloren, er strich sich mehrmals mit der Hand die vom Winde gepeitschten Haare aus der Stirn, und unter tiefen Seufzern sprach er fortwährend in ungarischer Sprache die Worte: ,,Mein Gott, mein Gott!"

Der Scharfrichter und seine Gehilfen, die bisher hinter der ersten Reihe Soldaten standen, traten jetzt hervor. Während der Geistliche fortwährend dem Delinquenten die Gebete vorsprach und ihm das Kreuz, das derselbe bisher gehalten, abnahm, zogen die Gehilfen des Scharfrichters demselben den Rock aus und entblößten seinen Hals. Der Geistliche sprach fortwährend zu dem Verbrecher – der Scharfrichter bestieg die Leiter – der Delinquent ward hinaufgezogen – und während er schon in der Luft schwebte – sprach er dem Geistlichen vernehmlich noch die Worte: „Jesus Christus!" nach. – Der Scharfrichter warf ihm den Strick um den Hals – und in der Stadt verkündete zur selben Zeit das Sterbeglöcklein vom St. Stefansthurme, daß die Gerechtigkeit die Strafe an dem Verbrecher vollzogen. Die Leiche des verurtheilten *J. Libényi* wurde nach Sonnenuntergang um 6 Uhr durch den Scharfrichter und seine Gehilfen vom Galgen herabgenommen und in der 30 Schritte hinter demselben mittlerweile vorgerichteten Grube in Gegenwart einer zahllosen Menschenmenge vergraben.

Während der Hinrichtung gab sich unter der versammelten Menge nur die tiefste Entrüstung über den Mörder und das von ihm begangene fluchwürdige Verbrechen kund, – zu gleicher Zeit aber stiegen tausend und tausend Dankgebete zum Himmel auf, der das theuerste Haupt dem beglückten Vaterlande erhalten.

Nach der Hinrichtung wurde folgende Kundmachung an den Straßenecken angeschlagen:

Kundmachung

Der 18. Februar 1853 ward in den Mauern der Kaiserstadt durch ein Verbrechen bezeichnet, welches unerhört in der Geschichte der Völker Oesterreichs, die Brust eines jeden rechtschaffenen Staatsbürgers mit Entsetzen, Abscheu und dem tiefsten Schmerz erfüllen muß.

Johann Libényi, zu Csakvar, Stuhlweißenburger Comitates in Ungarn, am 8. December 1831 geboren, somit kaum über 21 Jahre alt, katholischer Religion, unverheirathet, vom Gewerbe ein Schneider und Sohn des Johann Libényi, eines unbescholtenen Schneidermeisters, Haus- und Grundbesitzers in Csakvar trat schon im Jahre 1850 zu Pesth mit Gleichgesinnten in Verkehr, welche, mißvergnügt über die rechtmäßige Regierung, durch fortwährenden wechselseitigen Austausch ihrer schlechten Gesinnungen einen vorerst nur flüchtigen Gedanken zur Befreiung von der kaiserlichen Oberherrschaft im Gemüthe des Inquisiten erregten.

Bei diesen Zusammenkünften in Gasthäusern und Schlupfwinkeln wurden die unzufriedenen Gesinnungsgenossen allmälig zu der Vorstellung gebracht, daß nur in der Beseitigung des Allerhöchsten Staatsoberhauptes das Ziel ihrer Wünsche aufgesucht und gefunden werden könne.

Vorbereitet durch solche Anleitungen und Verhetzungen, begab sich Inquisit im Monat März 1851 nach Wien, suchte auch hier größtentheils nur die Bekanntschaft und den Umgang mit gleichgesinnten Menschen. Bei feindseeligen Gesprächen überbot man sich an Ausfällen gegen Se. k. k. Apostolische Majestät, und bald wurde die Hoffnung ausgesprochen, daß Allerhöchstdieselben, bei der damaligen Rundreise in Ungarn und Siebenbürgen, der mörderischen Hand eines ihrer Gesinnungsgenossen unterliegen würden.

Nach der glücklichen Rückkehr des kaiserlichen Herrn in diesen schändlichen Erwartungen getäuscht, ward der Haß und die Erbitterung des Johann Libényi bei den fort-

gesetzten Winkelversammlungen nur noch tiefer aufgestachelt und der frühere Gedanke an die Ermordung Sr. Majestät bereits zum Vorsatze herangebildet, wobei der Verurtheilte schon auf Gelegenheit, Art und Mittel sann, wie er sein entsetzliches Vorhaben mit dem sichersten Erfolge des Gelingens zur Ausführung bringen könnte.
Vor ungefähr zwei Monaten war es, als er sich in eine Verkaufsbude des hiesigen Tandelmarktes begab und unter mehreren Küchenmessern verschiedener Größe dasjenige sich aussuchte und kaufte, welches ihm für die fluchwürdige That am tauglichsten schien; worauf er die mit einem starken hölzernen Griffe versehene, zehn ein Viertel Zoll lange, sehr spitzige und am Griffe zwei Zoll breite Klinge bei einem bürgerlichen Schleifer in der Leopoldstadt, nicht nur an der Schneideseite, sondern auch am Rücken in der Länge von fünf Zoll aufwärts der Spitze scharf und dolchartig schleifen ließ, mit welcher furchtbaren Waffe versehen, die er verborgen unter seinem Ueberrock trug, und bereits zur Kenntniß gelangt, daß Se. k. k. Apostolische Majestät gewöhnlich auf den Basteien der Stadt zur Mittagszeit einen Spaziergang zu machen pflegen, er durch mehrere Wochen an verschiedenen Stellen dieser Promenade Allerhöchstdemselben aufzulauern bemüht war.
Dieses wiederholte Libényi, nach seinem eigenen Geständnisse, mit kurzer Unterbrechung durch zwölf Tage, ohne daß sein völlig entmenschtes Gemüth jemals vor dem gräßlichen Verbrechen zurückschauderte, bis der verhängnisvolle Tag, der 18. Februar 1853, zwischen 12 und 1 Uhr Mittags, Gelegenheit zur Erreichung seiner lange gehegten teuflischen Absicht ihm darbot.
Ohne sein gewöhnliches Mittagsmahl genossen zu haben, verließ er um zwölf Uhr, nach verrichteter Arbeit, die

Wohnung seines Meisters in der Leopoldstadt, verfolgte von dort den Weg zunächst in die Stadt, dann auf die Bastei neben dem Rothenthurmthor und sofort gegen das Kärnthnerthor, wo eben Se. Majestät der Kaiser in Begleitung Allerhöchstihres Flügel-Adjutanten Herrn Obersten Grafen O'Donnel im Begriffe des gewöhnlichen Spazierganges angekommen waren und ungefähr 60 Schritte vom Kärnthnerthore abwärs stehen blieben, um über die drei ein Viertel Schuh hohe Brustwehr der Bastei gelehnt, eine unterhalb derselben aufgestellte Abtheilung neu eingerückter Militär-Urlauber zu besehen.

In diesem Augenblicke näherte sich der kurz zuvor von der entgegengesetzten Seite herangekommene und in einer Entfernung von acht Schritten dortselbst gestandene Johann Libényi nach schnell aufgeknöpftem Oberrocke und dem unter demselben verborgenen Mordinstrumente, zuerst vorsichtig der Allerhöchsten Person des Monarchen, sprang dann wahrhaft nach Tigerart, mit einem Satze und das Mordwerkzeug in der rechten Hand schwingend, rücklings gegen Sr. Majestät und versetzte Allerhöchstdemselben, unter Anwendung aller ihm zu Gebote stehenden Kraft, mit der Spitze des Messers einen so gewaltigen Stoß auf das Hinterhaupt, daß die Klinge an der Spitze einen Zolle lang aufwärts gebogen ward.

Im Beginne, noch weitere Stöße gegen das geheiligte Haupt Sr. Majestät zu führen, die er nach gerichtlichem Selbstgeständnisse bis zur Vollendung der Unthat fortgesetzt haben würde, wurde er glücklicher Weise durch den Herrn Obersten Grafen O'Donnel rasch zu Boden gerissen, sodann von dem hiesigen Bürger Joseph Ettenreich und bald darauf durch die Dazwischenkunft anderer Per-

sonen vollends überwältigt und mittelst der herbeigerufenen Militär-Patrouille zur Haft gebracht.
Nachdem Johann Libényi dieser fluchwürdigen Handlung mit allen zuvor angeführten Einzelheiten gerichtlich geständig, sowie auch durch viele und umfassende Zeugenaussagen bei vollkommen sichergestelltem Thatbestande gesetzlich überwiesen ist, so ward er durch das kompetente kriegsgerichtliche Urtheil vom 23. d. M. auf Grund der Allerhöchsten Entschließung vom 26. December 1851, der Proklamation über den Belagerungszustand der Reichs-Haupt- und Residenzstadt Wien vom 1. November 1848 und 27. Februar 1849 nach Bestimmung des 5. Kriegsartikels, in Verbindung mit dem Artikel 61 des Militär-Strafgesetzbuches, wegen des Verbrechens des Hochverrathes durch meuchlerischen Mordanfall gegen die Allerhöchste Person Sr. k. k. Apostolischen Majestät Franz Joseph des Ersten, zum Tode durch den Strang verurtheilt, welches Urtheil nach gerichtsherrlicher Bestätigung und vorschriftsmäßiger Kundmachung an Johann Libényi auf dem dazu bestimmten Richtplatze heute vollzogen worden ist.
Wien, am 26. Februar 1853.
Von der kriegsgerichtlichen Sektion des k. k. Militär-Gouvernements.

Des Kaisers erste Ausfahrt

Drei lange Wochen waren seit jenem Unglückstage verflossen, welcher Wien mit Entsetzen erfüllt und die Welt in namenlosen Schrecken versetzt hatte.
Aus allen Schichten der Bevölkerung, aus allen Orten des weiten Reiches waren die Beweise vollster und hingebendster Opferfreudigkeit an den Stufen des kaiserlichen Thrones zusammengeströmt, alle Stände hatten sich beeifert, dem erhabenen, von Gott zum zweiten Male dem Vaterlande wiedergeschenkten Herrscher die Ausdrücke ihrer Treue darzubringen – aber noch immer war ein Moment nicht erschienen und gerade diesen ersehnten die treuen Völker des Kaisers so lebhaft, denn nur er war im Stande dem Volke wieder den vollen Beweis, der glücklichen Wiederherstellung seines Monarchen zu liefern. Man erwartete mit stürmischer Ungeduld den Tag, an welchem es den Einwohnern Wiens wieder gegönnt sein sollte, den geliebten Kaiser persönlich zu begrüßen.
Bereits in der zweiten Woche des Monats März war es bekannt geworden, daß Se. Majestät in den warmen sonnenhellen Mittagsstunden sich schon für kurze Zeit im Freien, im Kaisergarten in der Burg nemlich, ergehe, und allgemein sprach sich die freudige Ueberzeugung aus, daß einer der nächsten Tage bereits zur ersten Ausfahrt Sr. Majestät bestimmt sei.
Man wußte es, daß der Monarch, wenn er das erste Mal wieder die Burg seiner Väter verließe, seine Schritte vor Allem in den Dom zu St. Stephan richten werde, um nach der frommen Sitte seines Hauses Gott dem Herrn für die Rettung aus Mörderhand zu danken. Man sehnte diesen

Tag um so inniger herbei, als es einen Jeden drängte, die Gefühle der Treue, der Ergebenheit, der Liebe, zugleich vereint mit dem Danke zu Gott endlich einmal vor den Augen des Kaisers hervortreten zu lassen. Man hatte große Festlichkeiten für diesen Tag vorbereitet, die schönste Weihe des Festes aber kam von Seiten Desjenigen, dem das Fest galt, von Sr. Majestät dem Kaiser selbst.

Am 10. März wurde nemlich dem Bürgermeister vom Wien die Anzeige, daß Se. Majestät der Kaiser am 12. März Nachmittags die Kirchenfahrt nach St. Stephan unternehmen werde, und es Allergnädigst gestatte, daß die Bürger Wiens die Spalier durch die Straßen von der Hofburg bis zur Stephanskirche hin, bilden sollen. Se. Majestät wünschte in dieser feierlichen Stunde sich in der Mitte seiner Bürger, welche in den letzten Wochen ihm so viele Beweise wahrer Hingebung und echter Loyalität gezeigt hatten, zu befinden.

Der 12. März war bestimmt ein Festtag für die Bevölkerung von Wien zu werden, wie er ein Festtag für alle Hauptstädte in den Provinzen werden sollte, denen man auf telegraphischem Wege die Nachricht mitgetheilt hatte, daß Se. Majestät an diesem Tage, Nachmittags 3 Uhr, seine erste Kirchenfahrt machen werde.

Wie natürlich wurden von dem Momente an, als man einmal die Gewißheit hatte, das Fest werde an diesem Tage stattfinden, und Wien alle bei der Kürze der Zeit nur möglichen Vorbereitungen getroffen. Vom frühen Morgen an wurden schon in allen Straßen, durch welche sich der Zug des geliebten Monarchen bewegen sollte, die Häuser geschmückt, alle Fenster und Balkone mit Draperien und Teppichen behängt, Kränze und Guirlanden wurden ausgehängt und Fahnen mit der kaiserlichen und den städti-

schen Farben ausgesteckt. Es herrschte auf den Straßen schon vom Vormittage an ein so reges, bewegtes Leben, es lag auf jedem Gesichte so sehr der Ausdruck von Freude und Glück, daß Niemand darüber in Zweifel sein konnte, daß Wien an diesem Tage ein Volksfest im schönsten, edelsten Sinne des Wortes feiere.
Auf dem Michaelerplatz, dem Kohlenmarkt, Graben und Stephansplatz wurden die Arbeiten der Ausschmückung im größten Maßstabe betrieben, denn diese waren die Plätze und Gassen, welche Se. Majestät Nachmittags auf der Fahrt in die Kirche berühren sollte. Auf Balkonen und vielen Fenstern sah man das Bild oder die Büste des geliebten Monarchen mit Blumen und Kränzen umgeben, und nicht selten war hinter der Büste des Kaisers noch die Statuette eines Engels aufgestellt, der vorbeugend das theure Haupt schützte.
Um die Mittagsstunde, wo bereits die eben genannten Gassen und Plätze abgesperrt wurden, glichen der Stephansplatz, Graben, Kohlmarkt und Michaelerplatz schon einer kolossalen prachtvollen Theaterdecoration, reich belebt durch die zahlreichen Menschenmassen, welche von allen Seiten herbeiströmten, und sich bald zu so dichten Massen versammelten, daß die Festzüge der Zünfte und Innungen, welche sich längs des ganzen Weges, den Se. Majestät nehmen sollte, aufstellten, nur langsam bis zu ihren Plätzen kommen konnten.
Nach ein Uhr begannen sich schon alle Fenster und Balkone mit einem schönen Kranze reichgeschmückter Damen zu füllen. Die Bürger Wiens, welche die Ehre genossen, auf dem Wege Sr. Majestät Spalier zu bilden, reihten sich an einander und bildeten eine Kette von der Burg bis zum Stephansplatze, sämmtlich mit schmalen, ungefähr 4

Zoll langen weißen und rothen seidenen Bändern im linken Knopfloch, welche sie dem Publikum, als zur Aufrechthaltung der Ordnung berechtigt, kennbar machten. Nachmittags $^1/_2$3 Uhr versammelten sich in den kaiserlichen Gemächern die k. k. geheimen Räthe, die Kämmerer etc. so wie die Damen des hohen Adels, auf der Bellaria erwarteten Se. Majestät den Kaiser die durchlauchtigsten kaiserlichen Prinzen, so wie die gesammte Generalität. Weiter abwärts hatte sich das dienstfreie Officiercorps der Garnison aufgestellt, um den kaiserlichen Herrn mit dem begeistertsten Zurufe zu begrüßen. Am Eingange in das innere Burgthor erwartete der Herr Bürgermeister Ritter von Seiller mit dem Gemeinderathe und Magistrate Se. Majestät den Kaiser.

Um 3 Uhr erschien Se. Majestät der Kaiser an der Seite Seines erlauchten Vaters unter dem Portal der Bellaria und wurde in diesem Augenblicke schon von dem weithinschallenden Vivatrufe der Volksmenge, welche dichtgedrängt den Platz umgab, begrüßt, in welchen Jubel sich das feierliche Geläute aller Glocken, die in diesem Augenblicke ertönten, mischte.

Se. Majestät sah etwas bleich, aber doch vollkommen wohl aus, und grüßte, sichtbar gerührt, huldreichst die Anwesenden. Der Monarch trug die Generals-Uniform und bestieg an der Seite Seines durchlauchtigsten Herrn Vaters Sr. k. k. Hoheit Erzherzog Franz Karl einen zweispännigen Hofwagen.

Der Zug setzte sich nun, von tausendstimmigem Jubelrufe gefolgt, in folgender Ordnung in Bewegung:

Voran ritt der erste General-Adjutant Sr. Majestät des Kaisers, Hr. FML. Graf Grünne, als Commandant der k. k. Hof-Gendarmerie, der Hr. Adjutant Graf Königseck in

Husarenuniform und vier Hof-Gendarmen. Ungefähr zehn Schritte darauf folgten die städtischen Schaarwächter in ihrer lichtbraunen Uniform mit stählernen Degen, hinter welchen ein Theil des Gemeinderathes unmittelbar vor dem kaiserlichen Wagen ging. Neben dem rechten Schlage des Wagens gingen mit entblößtem Haupte der Hr. Bürgermeister und der Hr. Vicebürgermeister, neben dem linken Schlage befanden sich die beiden Herren Vicepräsidenten des Gemeinderathes. Hinter dem Wagen Sr. Majestät folgte der andere Theil des Gemeinderathes, welchem sich bereits ein großes Publicum anschloß, in dessen vorderster Reihe man Se. Durchlaucht den Obersthofmeister Sr. Majestät, den Fürsten Liechtenstein und Se. Excellenz den General der Cavallerie, Grafen Wratislaw, bemerkte. Von dem Momente an, wo der Wagen Sr. Majestät in dem inneren Thore der Burg sichtbar wurde, begannen aus allen Fenstern des Michaelerplatzes weiße Tücher zu wehen, Blumen wurden in den Wagen des Monarchen geworfen und ein tausendstimmiger Freudenruf erscholl, der sich nun von Minute zu Minute immer weiter fortpflanzte, jeden Schritt des Wagens begleitete, und doch nur ein schwacher Zeuge der tiefen Rührung, oder Hingebung und warmer Liebe war, welche alle Herzen durchdrang und alle Seelen begeisterte. Tausend Hände erhoben sich, um dem Kaiser zuzugrüßen, Hüte und Tücher wurden geschwenkt; die Bürger, welche die Spaliere bildeten, streckten ihrem Kaiser die Arme entgegen, und bei jedem Schritte flogen neue Blumenbouquets mit farbigen Bändern durch die Luft. Es war ein Fanatismus der Freude, wie ihn nur die tiefste Befriedigung eines Glückes zu äußern vermag.

Unter solchen unausgesetzten Aeußerungen der Hingebung seiner Bürger langte Se. Majestät der Kaiser bei dem Riesenthore der St. Stephanskirche an. Das Innere der Kirche war herrlich ausgeschmückt. Tausende von Kerzen und Lampen brannten in dem hochgewölbten Dome. Der größte Theil der Mauern der Kathedrale war mit Teppichen bedeckt, die Säulen des Schiffes und Chores hatten reiche Bekleidungen und vor Allem glänzte der Hochaltar im reichsten Schmucke.

Unter dem Riesenthore angelangt, wurde Se. Majestät von dem Herrn Weihbischof und dem hochwürdigen Domcapitel und sämmtlichen hier anwesenden Prinzen des Allerhöchsten Kaiserhauses ehrfurchtsvoll empfangen. Bei dem Eintritte des Monarchen in den Dom, wohin ganz laut der Jubelruf der auf dem Stephansplatze versammelten Menge und die Klänge der Volkshymne drangen, mit welcher die auf dem Platze stehenden Truppen den Monarchen begrüßt hatten – in diesem Augenblicke intonirte auch die große Orgel des Domes die erhebende Melodie des Ambrosianischen Lobgesanges, was einen unbeschreiblichen Eindruck hervorbrachte.

Unter Vortragung des Allerheiligsten und gefolgt vom Gemeinderathe unter Vortritt des Herrn Bürgermeisters und des Bürgers Herrn Ettenreich, wurde Se. Majestät zum Hochaltar geleitet. Die Arcierengarde machte Spalier bis zum Gitter des Presbyteriums, innerhalb welchem sich die höheren Staatsbeamten, unter ihnen mehrere fremde Bischöfe und Prälaten, befanden. Vor dem Hochaltare hatten die Herren Reichsräthe und Minister sich aufgestellt. Auf dem Oratorium befanden sich Ihre kaiserl. Hoheiten die Frau Erzherzogin Sophie, die Frau Erzherzogin Hildegarde, Se. kaiserl. Hoheit Herr Erzherzog Karl

Ludwig und mehrere andere Mitglieder des Allerhöchsten Hofes.
Unter den Prinzen des Allerhöchsten Kaiserhauses, welche Se. Majestät bei der Kirche empfingen, bemerkte man auch Se. kaiserl. Hoheit Herrn Erzherzog Johann und Se. kaiserl. Hoheit Herrn Erzherzog Albrecht.
Die Anwesenheit Sr. Majestät des Kaisers in der Kirche dauerte nur ungefähr 10 Minuten. Se. Majestät knieten vor dem Hochaltare nieder und empfingen den heiligen Segen, womit die Ceremonie zu Ende war.
Als Se. Majestät aus der Kirche trat, schritt er noch die Reihe der dort in drei Bataillons formirten 12 Grenadierkompagnien ab, während welcher Zeit die Musik das Volkslied spielte und die Luft vom Jubelruf wiederhallte. Der Zug aus der Kirche entfernte sich in derselben Ordnung, und unter demselben Jubelrufe wie früher, und um $^3/_4$4 Uhr war Se. Majestät wieder in der Burg Seiner Ahnen angelangt.
Unmittelbar nachdem Se. k. k. Apostolische Majestät in die Hofburg zurückgekehrt waren, wurde der Herr Bürgermeister von Sr. Excellenz dem ersten Herrn General-Adjutanten F. M. L. Grafen Grünne dahin berufen und hatte die Ehre von Sr. Majestät empfangen zu werden.
Se. k. k. Apostolische Majestät äußerten Sich gegen den Vorstand der Stadt Wien in den wohlwollendsten Worten und bemerkten insbesondere, daß Allerhöchstdieselben über die *musterhafte* Ordnung und die *vortreffliche* Gesinnung, welche sich allenthalben ausgesprochen habe, hocherfreut seien. Eben so gerührt habe Allerhöchstdenselben die innige Theilnahme, welche sich – nach den ihm erstatteten Berichten – während Seiner Krankheit in *allen* Schichten der Bevölkerung gezeigt habe, und es freue Al-

lerhöchstdenselben in diesen Gefühlsäußerungen das frühere Wien wieder zu erkennen.
Se. k. k. Apostolische Majestät beauftragten hierauf den Herrn Bürgermeister der Bevölkerung Wiens für diese Beweise inniger Anhänglichkeit und aufrichtiger Theilnahme Allerhöchstdessen Wohlgefallen und Dank auszusprechen.
Den Feier des festlichen Tages beschloß eine glänzende Beleuchtung der ganzen Stadt und aller Vorstädte, bei welcher kein Fenster ohne das helle flammende Zeichen der Liebe und Treue blieb, und viele sinnige Bilder und Transparente, so wie Statuetten zur Schau gestellt wurden. An mehreren Plätzen spielten Musikbanden, und so wie der Tag einer der schönsten sonnenhellsten Friedenstage gewesen, so war auch die Nacht noch mild und klar und in sehr später Stunde wandelten noch Tausende von Menschen durch die lichthellen Straßen, und wo der Wagen, in welchem der erhabene Bruder Sr. Majestät, Herr Erzherzog Carl Ludwig sich befand, erschien, erscholl lauter, stürmischer, nie enden wollender Jubelruf.
So war des Kaisers erste Ausfahrt!

Die Gedichte

Aus Anlaß der glücklichen Errettung Se. Majestät vor dem heimtückischen Anschlag haben Wiener Bürger und Dichter zur Feder gegriffen und folgende Verse verfaßt:

Am 18. Februar
Von Friedrich Halm.

Als frech von Mörderhänden angefallen
Der Kaiser blutend in die Höhe fährt,
Was that er da? – Er griff zum Schwert!
Und als nun rings von allen Lippen, allen,
Verwünschungen der Unthat laut erschallen
Und ihn, vom eig'nen Blut besprengt,
Der Rettung froh, sein Volk umdrängt,
Was sprach der Kaiser da? – Er spricht:
„Erschreckt nur meine Mutter nicht!
Ich leid' nicht minder und nicht mehr,
Als mancher Treue in meinem Heer!"

D'rum, Oesterreich, wenn auch Schrecken noch
Dein Mark durchzittert, juble hoch!
Denn wenn zum Geiste, hoh und reich,
Ein Herz sich findet, warm und weich,
Wenn Stärke sich und Liebe paart,
Das ist die echte Kaiserart!
Dein Kaiser, wisse, greift zum Schwert,
Wenn Unbill je ihm widerfährt,
Dein Kaiser, freu' dich, ist ein Mann,
Und wehrt sich, greift Verrath ihn an!

Dein Kaiser aber ist auch noch
Ein guter Sohn, d'rum juble hoch!
Und Wohlergehen ward zum Lohn
Verheißen jedem guten Sohn,
D'rum wird er prangen stets mit dir
In aller Ehren Preis und Zier!
Denn Gott vergißt nicht hier noch dort
Dem guten Sohn das gute Wort,
Das Wort der Liebe, treu und schlicht:
„Erschreckt nur meine Mutter nicht!"

D'rum Oesterreich, wie der Wahn der Zeit
Dich auch erfüll' mit Gram und Leid,
Blick' himmelwärts und jub'le laut:
Franz Joseph hoch! und Gott vertraut!

Der Schnee.

Von Carl von Holtei.*

Es will der Winter nicht erscheinen?
Auch die Natur weicht aus der Bahn!
Und klügelnde Propheten meinen,
Man fühle schon den Sommer nah'n?
O täuscht euch nicht, ihr sichern Leute;
Es wird uns Menschen nichts geschenkt
Und oft bedroht uns noch das Heute,
Wenn ihr getrost an Morgen denkt.

Die Sonne lacht am hellen Tage, –
Die Nacht zieht ihre Mörder groß,
Entsendet einen, daß er wage
Mit tück'scher Faust den frechsten Stoß.

* Schriftsteller und Schauspieler, 1798–1880

Zwar schützt ein Gott das theure Leben,
Doch öffnet sich des Blutes Quell
Und rieselnd-heiße Tropfen beben
Zur Erde nieder purpurhell.

Die Erde saugt mit gier'gem Munde.
So theure Perlen durstig ein.
O blut'ge Saat der Schreckensstunde!
Und was wird deine Ernte sein?
Mißtrauen, Argwohn, zitternd Bangen,
Sie regen sich in ihrem Grab,
Des Himmels graue Wolken hangen
Wie drohend, schwer und dumpf herab. –

Da säuselt flock'ger Schnee hernieder
Und in ein weißes Winterleid
Verhüllt er nun die Erde wieder,
Der Frühling träumte vor der Zeit.
Er hüllt auch jene blut'ge Flecken,
Er hüllt der Unthat Wiederschein,
Mit ihrem Grauen, ihren Schrecken
In seine weichen Decken ein.

Wie warmer Flaum des reinen Schwanes
Die Kindlein hegt im Nest daheim,
Deckt er die Saat des wilden Wahnes
Und weckt aus ihr der Liebe Keim.
Des edlen Blutes hier vergossen,
Am Boden perlend zu verglü'n,
Aus jedem Tropfen, der geflossen,
Sieh'st Du der Treue Rosen blüh'n.

Ja, Rosen sind es, weiße Rosen!
Der Winter spricht: ich bin besiegt,
Wo tief im Schnee in zartem Kosen,
Sich Blüthe an die Blüthe schmiegt.
Die alte Treu' ist auferstanden,
Die alte Lieb' ist jung erwacht,
Ihr Echo schallt aus allen Landen:
Der Winter hat den Lenz gebracht!

Das ganze Reich ein Dom

Von D. Perthaler.

Die Nacht bricht an. Was drängt zu dieser Stunde
Das Volk sich zu dem alten Dom heran?
Er faßt es nicht und außen in der Runde
Da schaart sich's enge, Mann an Mann.

Wohl sonst zu Siegeshymnen über Feinde
Schon oft mit diesen Glocken tief und rauh –
Zu solcher Feier hast du die Gemeinde
Noch nie versammelt, hehrer Gottesbau.

Doch hast du auch in heißeren Gebeten
So alt auch deine schwarzen Mauern, kaum
Gesehen zum Altar die Völker treten
In deinem gottgeweiht-erhab'nen Raum.

Der Todesfittich, hart am heil'gen Haupte
Des Herrn vorüber schwirrend, hat mit Macht
Die schlummernde, im Wahn nur todt geglaubte,
Die Gluth der alten Liebe angefacht.

„Gelobt sei Gott! es thut ein fester Wille“
So ruft das Volk, „in ernster Zeit uns Noth;
„Damit er Oesterreichs Geschick erfülle,
„So wandtest du den Tod, der ihn bedroht.“

Allein die innigsten der Dankesspenden
Die Thränen eines Mutterherzens sind:
„Zum zweiten Mal, o Herr, aus deinen Händen
Empfang' ich meinen Kaiser und mein Kind.“

Und das Gebet erhebt sich zu den Sternen,
Es schwillt und strömt hinaus, ein mächt'ger Strom,
Bis an des Reiches Grenzen, an die fernen –
Nur Ein Gefühl – das ganze Reich ein Dom.

Der Kaiser sucht indeß, von Schlafes-Schwingen
Nur leicht umfächelt, Ruhe, wund und müd',
Und halb im Traume hört er leis ein Klingen,
Als säng' ein schöner Engel ihm das Lied:

„Der Streich, o Herr, nach Deinem Haupt gezielet,
„Er fiel und glitt – und traf des Volkes Herz;
„Der Schmerz der Wunde aber, den es fühlet,
„Es ist zu Dir der echten Liebe Schmerz.“

Te Deum

Von Dr. Rudolf Hirsch.

Aus Wien's uralt gewalt'ger Kathedrale
Steigt Lobgesang empor zum Sternensaale.

Des Fürstenhauses Häupter, seine Sprossen,
Sie beten auf den Knieen hingegossen.

Nur Einer fehlt: Er ist's, für den Sie beten
Um Gottes Huld in Ihren Herzensnöthen.

Um Sie herum die Herrn in Gold und Seide,
Um Sie herum das Volk im schlichten Kleide.

Te Deum! tönt's aus hunderttausend Kehlen,
Te Deum! wiederhallt's in Aller Seelen. –

Des Kaisers Eltern schreiten durch die Pforte –
O, diesen Jubel schildern keine Worte!

Ein Vivatrufen hat die Luft durchdrungen,
Sanct Stephans Glocken sind davon erklungen.

Ein Vivat, halb in Freude, halb im Leide –
In Eins geflossen sind der Thränen beide!

Das Auge mag bis in die Ferne eilen,
Allüberall der Lichter rothe Zeilen.

In einem Häuslein fehlt's am blanken Tande –
Die Kerze flackert dort im – Häuflein Sande.

Beim Aermsten hat die Lieb' das Licht entzündet.
Ob in Palästen sich was Schönres findet?!

Der Augenblick hat jede Nacht gelichtet,
Des Bösen Werk für alle Zeit vernichtet.

Sie sah'n den Abgrund vor sich, unermessen,
Der Taumel wüster Tage ist vergessen.

Ein Jeder fühlt es sieden in dem Blute!
Jahrtausende bewältigt die Minute.

Neu-Wien zu jener Stunde ging verloren,
Das alte Wien jedoch ward neugeboren;

Das alte Wien mit seiner Lieb' und Treue
Erwacht' aus halbem Traume heut auf's neue.

Des Kaisers Vater aber eilt zum Sohne:
„Ich bring' den schönsten Stein zu Deiner Krone.

„In Freudenthränen selber sah ich's glüh'n,
„Gesegnet sei das alte, liebe Wien!

Der achtzehnte Februar

Von Hermann v. Gilm

Als heut' vom Thurm' die Mittagsstunde schlug,
Wer ahnte das entsetzliche Verbrechen,
Das sie auf schwarzem Flügel nieder trug?
Du eh'rne Zunge, konntest du nicht sprechen,
Als still der Mord die Mauern Wiens betrat!
Du mußt die Sünden deiner Kinder wissen –
Warum hat dir die schauervolle That
Das Wort nicht donnernd aus der Brust gerissen?

Wir ständen nicht erschüttert und entsetzt
Und hörten laut die Angst im Herzen klopfen
Und fluchten dir und jedem Wassertropfen,
Der je des Mörders trocknen Mund benetzt,
Dem Brod, das ihn genährt, dem Heimathaus
Das groß ihn zog ... O, die entweihte Erde,
Tragt mit den bloßen Händen sie hinaus,
Damit der Boden wieder heilig werde!

Wer wirft von uns, und schwindelt nicht, den Blick
In des Verbrechens bodenlose Tiefe?
Wer denkt, und zittert nicht, wenn das Geschick
Die finstern Mächte je zu Tage riefe?
Ein Vaterland – wem wird das Herz nicht heiß? –
Bekränzt von Trauben und von gold'nen Aehren,
Geschmückt von seiner Bürger regem Fleiß',
Bewacht von seinen sieggewohnten Heeren;

Und ein Monarch in voller Jugendmacht,
Des schönen Reiches allerschönste Blüthe,
Ein zitternd Mutterherz, das ob ihm wacht
Und täglich betet, daß ihn Gott behüte,
Und eines Vaters bleichgeword'nes Haar.
Und – sag's, mein Lied, mit stolzem Angesichte –
Ein Blatt, das rein vom Fürstenmorde war
In Oest'reichs langer glänzender Geschichte.

Und nichts mehr heilig, nichts, und eine Hand
Genug, die schöne Schöpfung auszuroden ...
Wer möcht' nicht Asche streuen über's Land
Und Sodom's Feuer stampfen aus dem Boden?
Doch dem Entsetzen folgt die Hoffnung nach
Und tröstend geht es durch des Volk's Gewimmel:
Das Mutterherz hielt ihm die Engel wach
Und solchen Frevel duldet nicht der Himmel.

Und an dem Dome, den die alte Zeit
Mit ihrem glaubensstarken Willen baute,
Klomm ein Gebet von selt'ner Innigkeit
Empor an jedem Blatt, an jeder Ranke
Und fiel herab als langer Freudenton
Und wogte fort, das schönste aller Lieder ...
Ich bring' dir, sprach der Vater zu dem Sohn,
Das alte Wien in dieser Thräne wieder.

Das alte Wien! Die erste Blume hat
Die andern alle immer zu Gefährten;
Wie Frühlingsathem geht es durch die Stadt,
Wo Lieb' und Treue sich so schön bewährten.
Wir wissen wohl, kein irdisch Wort und Gut
Vermag die Schmach des Tages auszuätzen,
So laß' uns, Herr, denn dein vergoss'nes Blut
Als erste Rosen in den Frühling setzen.

Am 18. Februar 1853

Ein Spießgeselle der verruchten Horde,
Die Rache brütend in dem Dunkel schleicht,
Und zu erringen sucht durch Meuchelmorde,
Was sie im off'nen Kampfe nicht erreicht,
Hat es gewagt, die Frevelhand zu legen
An Oesterreichs geheiligt Oberhaupt,
Und schützte ihn nicht sichtbar Gottes Segen,
So wäre unser Kaiser uns geraubt.

So gibt es denn nichts Heil'ges mehr auf Erden?
Nicht Jugend, Hoheit, Herzensgüte, Muth?
Glaubt ihr, daß Eure Saaten reifen werden,
Wenn Ihr sie dünget mit der Edlen Blut?
Ihr irrt; denn ohne Pflichten und Gesetze
Gleicht eine Freiheit, wie Ihr sie begehrt.
Nur wilder Thiere zügelloser Hetze,
Wo eins das andere zerfleischt, verzehrt.

Und Ihr, die Ihr in Eurem Reich geduldig
Den Mordgesellen Euren Schutz verleiht,
Ihr seid großmüthig nicht, Ihr seid mitschuldig;
Nehmt Euch in Acht, daß Ihr es nicht bereut,
Ihr glaubt, sie werden nur ihr Gift verspritzen
Nach Außen, jene Schlangen die Ihr nährt,
Vielleicht, daß auch gen Jene, die sie schützen
Sich einst der gift'ge Zahn der Bestien kehrt.

Mein Kaiser! Als Du fühltest Dich verletzen,
  Empfingest unerschrocken Du den Streich,
Nicht so Dein Volk! Ein Aufschrei von Entsetzen.
  Ein allgemeiner scholl durch's ganze Reich;
Es schlummern oft der Neigung süße Triebe
  So lang wir des Besitzes uns bewußt,
Doch fühlt man erst die ganze Kraft der Liebe,
  Wenn plötzlich uns bedrohet der Verlust.

Laßt uns nun in die Tempel Gottes wallen.
  Den Dank zu bringen dem Allmächt'gen dar.
Daß er nicht ließ den Allgeliebten fallen,
  Daß ihn beschützet seiner Engel Schaar.
Dir aber Herr! des Volkes Jubel kündet:
  Daß fürder nicht Gefahr Dich mehr bedräut,
Es ist Dein Blut der Kitt, der fest verbindet
  Dich und Dein treues Volk für ew'ge Zeit.

J. F. Castelli

Der Meuchler

Von J. V. Kutscheit

Auf der Bastei von hohem Plan
  Schaut sinnend herab der fromme Kaiser.
  Wer schleicht da hinterrücks heran?
  Ein Meuchler mit Schritten leiser und leiser.
  Gott, durch dein heiliges Sakrament,
  O schütze den Kaiser vor jähem End'!

Gott hütet, die sich selbst entrückt
Vor ihm in Demut beugen nieder,
Der Mörder zückt den Dolch, Gott zückt
Des Kaisers Haupt, des Kaisers Glieder
Und – danket ihr Völker! – gerettet war
Franz Joseph, der Träger von Oesterreichs Aar.